MARKUS BÖTEFÜR

VOM HAKEN — AUF DEN TELLER

KOSMOS

Inhalt

FISCHSTECKBRIEFE 88

SERVICE 104

GUT VORBEREITET

Viele *C&R-Angler* verschmähen die selbst gefangene Beute, essen aber bedenkenlos aus der Massenhaltung stammende Fische, z. B. Pangasius-Welse.

Was für eine Idylle – Angler haben es gut.

Der Wert des Lebensmittels Fisch

Eine Einleitung für ein Fischkochbuch? Die Antwort auf diese Frage lautet eindeutig ja, denn nicht nur im Angelsport, sondern auch in der Einstellung zum Lebensmittel Fisch hat sich seit der Jahrtausendwende eine Menge geändert.

Obgleich unsere Seen und Flüsse nach Jahrzehnten der Umweltverschmutzung fast ausnahmslos sauber sind und man die in ihnen gefangenen Fische nicht nur bedenkenlos und mit Appetit verzehren kann, ist es für viele Petrijünger längst nicht selbstverständlich, ihre Beute in die Küche oder auf den Grill zu tragen. Dies hat bei einigen zwar noch immer mit dem Vorurteil zu tun, dass heimische Fischarten nicht schmackhaft seien, wurzelt bei den meisten Skeptikern jedoch nicht in lebensmittelhygienischen Bedenken, sondern hat vielmehr mit der Grundeinstellung vieler Angler zu tun, nach der Sportfischen mit der Verwertung der gemachten Beute unvereinbar sei. *Catch and Release* lautet die Zauberformel, nach der eine neue Generation zumeist junger Petrijünger ihr Hobby ausübt. Unter dieser, mit *C&R* abgekürzten Philosophie versteht man das sofortige Freilassen gefangener Fische. *C&R* steht dabei in einem scharfen Gegensatz zur als Kochtopfangeln diffamierten Entnahme von Fischen. Obgleich ich als Autor des vorliegenden Buches nicht davon ausgehe, dass *C&R-Angler* jemals in ihm blättern werden, erscheint es trotzdem nötig, ein paar Worte über den Wert selbst gefangener Fische zu verlieren. Natürlich könnte man aufführen, dass der Verzehr selbst erlegten Wildes, eigenhändig gepflückter Beeren und Pilze ein archaisches Erlebnis ist, das uns mit unseren Vorfahren in der Steinzeit verbindet und somit ein Grundwesenszug des Menschen ist, den der verweichlichte und Fertigprodukte verspeisende Stadtmensch nicht mit uns Naturburschen und -mädels teilt. Doch wäre diese entwicklungsgeschichtliche Argumentation nur eine Seite der Medaille. Viel entscheidender ist es, die Qualität seiner Nahrungsmittel im Auge zu behalten. Die Weltmeere sind gnadenlos überfischt, sodass selbst Fischarten wie Heringe und Dorsche um ihr Überleben fürchten müssen. Zu dieser Überfischung gesellt sich eine irrsinnig hohe Menge an Giftstoffen und Plastikmüll, die das Fleisch der Fische zu einem für den menschlichen Organismus nur bedingt verträglichen Mahl werden lässt. Nicht viel anders sieht es bei den in den Geschäften angebotenen und aus Wildfängen stammenden Süßwasserfischarten aus. Die Victoriabarsche aus afrikanischen Seen sind ebenfalls mit Schadstoffen belastet und ihr umweltschädlicher sowie die lokalen Fischer ruinierender Fang und Transport tun ein Übriges, um sie auf europäischen Tischen als ökologisch, sozial und wirtschaftlich ungenießbar zu deklarieren. Dasselbe gilt für die beliebten Pangasius-Welse aus südostasiatischer Massenfischhaltung. Essen wir unsere aus deutschen Gewässern selbst gefangenen Fische, so können wir dies in so gut wie allen Fällen frei von Gewissensbissen tun. Weil aber viele Angeleinsteiger mit der Zubereitung von Rotaugen, Brassen, Rotfedern oder gar Grundeln völlig auf dem Schlauch stehen, habe ich auf den folgenden Seiten einige Fischrezepte zusammengetragen, die man entweder direkt am Lagerfeuer zubereiten oder zu deren Zubereitung man Freunde in den Garten oder auf den Balkon einladen kann.

Petri Heil und guten Appetit!

DAS GESUNDE AM FISCH

Experten empfehlen ca. 300 Gramm Fisch pro Woche auf dem Speiseplan jedes Menschen, dabei wird empfohlen, einmal pro Woche Seefisch und einmal pro Woche heimischer Süßwasserfisch. Die Seefische punkten mit einem hohen Fettgehalt, wobei Fischfett eben einen großen Anteil an extrem gesunden Omega-3-Säuren hat, und mit einem hohen Anteil an Jod, was der menschliche Körper ebenso benötigt.

Unsere heimischen Süßwasserfische haben natürlich auch Omega-3, aber eben auch einen sehr hohen Protein-Anteil, was essenziell wichtig für unsere Ernährung ist.

Alle Fische enthalten wichtige Spurenelemente wie Kalzium und Phosphor und auch Vitamine, die unser Blutbild positiv beeinflussen.

Angeln kann durchaus ein Familien-Hobby sein.

Bei kapitalen Fischen sollte man überlegen, ob sie zum Verzehr geeignet sind.

Eine Fischsuppe ist eine köstliche Delikatesse.

Fische waidgerecht töten

Vor dem Zubereiten und Verzehren ist man als Angler genötigt, die Fische zu töten. Zwar wird dieser Teil des Sportfischens mit dem aus der waidmännischen Sprache entnommenen Begriff des Versorgens umschrieben, doch ändert ein solch verharmlosendes und beinahe fürsorglich klingendes Wort nichts an der Tatsache, dass man ein Lebewesen vom Leben zum Tod befördert.

Das Töten hat rasch, präzise und waidgerecht zu geschehen. Zunächst schlägt man dem Fisch mit einem schweren, stumpfen Gegenstand kräftig auf den Schädel. Am besten legt man ihn dazu auf den Boden, die Bretter eines Steges oder die Ruderbank des Angelbootes und umfasst sein Genick so fest, dass man ihn sicher im Griff hat. Der Schlag sollte auf jeden Fall mit einem dafür vorgesehenen Fischtöter (im Angelgerätefachhandel erhältlich) erfolgen und so kräftig ausgeführt werden, dass größere Fische augenblicklich betäubt und kleine sofort tot sind. Andere „Hilfsmittel" wie Knüppel, Messergriffe, Steine oder Ähnliches sind alles andere als waidgerecht und sollten nur dann verwendet werden, wenn ein Fischtöter nicht zur Hand ist.

Nach dem Abschlagen tötet man den Fisch mittels eines Herzstiches. Dazu sticht man ihm eine dünne Messerspitze zwischen die Brustflossen. So trifft man das Herz, was an der großen Menge austretenden Blutes zu erkennen ist. Fließt wenig oder gar kein Blut, so muss man einem zweiten Stich durchführen.

Nach der sog. Versorgung, worunter man den Prozess des Abschlagens und Abstechens versteht, kann es vorkommen, dass auch ein bereits toter Fisch noch einige Zeit „Lebenszeichen" in Form von Zuckungen oder Kiemenbewegungen von sich gibt. Diese Reflexe zeugen von der „Entladung" der im Muskelgewebe gespeicherten Energie.

KÜHLEN

An heißen Sommertagen kann eine Kühltasche die Beute lange frisch halten. Wichtig ist es jedoch, dass man die Fische dazu auf genügend Eis lagert. Solche Blöcke kann man sich in der heimischen Tiefkühltruhe machen. Ihr Abschmelzen über viele Stunden sorgt für entsprechend niedrige Temperaturen.

Waidgerecht versorgte Fische können ohne Gewissensbisse präsentiert werden.

DAS WAIDGERECHTE TÖTEN EINES AALS

In den vergangenen zwei Jahrzehnten ist der Aalbestand in fast allen europäischen Ländern dramatisch zurückgegangen, sodass es vielerorts (z. B. in Irland und in den Niederlanden) bei hohen Geldstrafandrohungen verboten ist, Aale zu befischen. In den meisten Staaten darf man sie jedoch beangeln und den Gewässern entnehmen. Da Aale sehr gefräßig sind und die Köder häufig tief schlucken, bleibt die Entscheidung über ihre Entnahme leider nicht immer dem Angler überlassen, denn aus Gründen der Waidgerechtigkeit ist man dann gezwungen, den Fisch zu töten.

Die Tötung eines Aales stellt ungeübte Angler jedoch vor erhebliche Probleme, denn anders als bei anderen Fischarten lassen sie sich nicht sofort durch einen kräftigen Schlag auf den Kopf mit nachfolgendem Herzstich töten.

Zur waidgerechten Tötung bedarf es eines speziellen Aaltöters, den es im Angelgerätefachhandel gibt und den jeder Angler, also auch derjenige, der es nicht auf Aale abgesehen hat, für diesen Fall im Geräterucksack haben sollte.

Angewendet wird der gabelförmige Töter, indem man ihn dicht hinter dem Kopf eines auf einem festen Untergrund abgelegten Aales ansetzt und kräftig nach unten drückt. So wird das Genick augenblicklich gebrochen und der Fisch getötet.

Mittels Fischtöter und Messer tötet man Fische waidgerecht.

GROSSE FISCHE FÜR DIE KÜCHE?

Kapitale Fische stellen Angler oft nur vor das Problem der Portionierung. Wohin mit so vielen Filets oder Koteletts? Würde man einen Großkarpfen oder -waller verwerten müssen, so fühlte man sich an die Arbeit eines Walfängers erinnert. Aber nicht nur dies sollte vor dem Abschlagen eines kapitalen Fisches bedacht werden. Mindestens ebenso wichtig ist die Frage nach den gesundheitlichen Risiken, die sich im Fleisch großer und somit alter Fische verbergen. In ihrem Fleisch und Fett sammeln sich im Laufe der Jahre nämlich zahlreiche Giftstoffe an, die man mit dem Verzehr dann zwangsläufig zu sich nimmt. *Catch & Release* hat somit nicht nur für dicke Fische, sondern auch für ihre Fänger eine lebensverlängernde Wirkung.

Je fetter das Fleisch, wie hier beim Lachs, desto mehr gesunde Omega-3-Fettsäuren enthält es.

Pilze eignen sich auch für Magerfische wie Zander.

Fett- und Magerfische

In der Fischküche unterscheidet man Fett- und Magerfische. Bei Fettfischen hat das Muskelfleisch einen durchschnittlichen Fettgehalt von 10 bis 25 Prozent. Dabei darf man sich aber vom Begriff Fett nicht ins Bockshorn jagen lassen, denn Fischfett ist im Gegensatz zum Fett von Schweinen oder Rindern sehr gesund.

In einer Fischsuppe kann man Fett- und Magerfische mischen.

Besonders die mehrfach ungesättigten Omega-3-Fettsäuren der Fische haben eine gesundheitsfördernde Wirkung. Omega 3 ist nicht nur für das menschliche Hirn wichtig, sondern schützt auch unsere Augen sowie das Herz-Kreislaufsystem. Daneben ist es ein Cholesterinsenker und Entzündungshemmer. Zu den Fettfischen zählen u. a. Aal, Lachs, Karpfen, Brasse, Waller und Makrele. Als magere Fische gelten z. B. Forelle, Barsch, Zander, Hecht und Dorsch. Wie unterschiedlich hoch der Fettgehalt im Fischfleisch ausfallen kann, verdeutlicht der Vergleich zwischen Zander und Aal. Während man in 100 Gramm Zanderfleisch nur 0,73 Gramm Fett findet, schlagen in derselben Menge Aal 24,5 Gramm zu Buche.

Ein Fischschupper erleichtert die Arbeit ungemein.

Entfernt man beim Ausnehmen auch die Kiemen, bleibt der Fisch länger frisch.

Die drei S: Säubern, Säuern, Salzen

Das Säubern der Fische sollte recht bald nach dem Fang geschehen. Es empfiehlt sich, Fische vor dem Ausnehmen zu schuppen, denn so verbleiben keine Restschuppen an den Rändern des aufgeschnittenen Bauches.

Das Schuppen muss gründlich geschehen. Am besten verwendet man dazu einen im Angelfachgeschäft erhältlichen Fischschupper. Ist ein solcher nicht zur Hand, tut es auch ein Messer. Für eine schnelle und gründliche Entfernung ist es ratsam, den Fisch mit einem trockenen Tuch an der Schwanzwurzel anzufassen und den Fischschupper in Schwanz-Kopfrichtung über den Körper zu ziehen. Je nach Fischart und Schuppenform kann das Entschuppen im Handumdrehen geschehen oder etwas mühseliger werden. Weißfische (Rotaugen, Rotfedern usw.) lassen sich kinderleicht schuppen; bei Zandern und Barschen sitzen die Schuppen (sog. Kammschuppen) jedoch bedeutend fester. Es ist sehr wichtig, mit der Entfernung der Schuppen nicht so lange zu warten, bis sie angetrocknet sind, denn zum einen lassen sie sich bei allen Fischarten dann bedeutend schwieriger entfernen und zum anderen beeinträchtigen angetrocknete Schuppen bzw. der angetrocknete Schleim den Geschmack des Fisches bzw. den Geschmack der Fischhaut.

1

2

1. Besonders bei Massenfängen ist es wichtig, jeden einzelnen Fisch gründlich zu reinigen.

2. Das Entschuppen kleinerer Kammschupper, hier Barsche, kann mitunter in Arbeit ausarten.

Ist der Fisch entschuppt, muss er gründlich abgewaschen und so von Schleim gereinigt werden. Am besten wäscht man ihn dazu mit Wasser ab.
Nach der Reinigung von außen muss der Fisch vollständig ausgenommen (ausgeweidet) werden. Dazu sollte man den Bauch mit einer dünnen Messerspitze vorsichtig öffnen und mit der Entnahme der Eingeweide erst dann beginnen, wenn der Bauchraum, vom Waidloch bis zum Kiemenbogen vollständig geöffnet ist. Viele Angler vergessen dabei, die entlang der Wirbelsäule verlaufende, unter einer dünnen Haut befindliche und als schwarzer Streifen erkennbare Niere zu entfernen. Diese sollte aber auf jeden Fall herausgenommen werden, denn ihr bitterer Geschmack beeinträchtigt den Genuss des Fleisches erheblich. Dasselbe gilt für die unterhalb des Waidloches angesiedelten Geschlechtsorgane, die mittels eines kurzen Schnittes Richtung Schwanzflosse sichtbar werden und sich leicht entfernen lassen.

BIERTRINKER IM VORTEIL

Gilt es, Barsche oder Zander von ihren Schuppen zu befreien und weit und breit ist kein Fischschupper zu finden, so kann der Kronkorken einer Bierflasche der Retter in der Not sein.

Das Säuern ist bei frischem Fisch kein „Muss“, gibt ihm aber Aroma und Würze.

Soll ein Fisch ohne Kühlung länger als drei bis vier Stunden aufbewahrt werden, so ist es ratsam, auch die Kiemen zu entfernen.

Säuern als zweiter Schritt der Fischreinigung ist heutzutage zwar nicht mehr unbedingt nötig, aber empfehlenswert, denn früher beträufelte man Fische mit Zitronensaft oder Essig, um den strengen Fischgeruch zu überdecken. Bei den modernen Kühlmöglichkeiten, und erst recht bei frisch gefangenen Fischen, ist dies jedoch nicht nötig. Trotzdem lohnt es sich, einen gesäuberten Fisch von innen und außen mit Zitronensaft zu bestreichen, denn so wird sein Fleisch etwas fester und die Zitrone gibt ihm ein angenehm würziges Aroma.

Unter Salzen verstand man früher das Einsalzen (Pökeln) von Fisch, um ihn für lange Transporte haltbar zu machen. Diese Konservierungsmethode ist heute so gut wie überflüssig. Trotzdem muss Fisch vor der Zubereitung mit Salz gewürzt werden. Dabei ist unbedingt darauf zu achten, dass man den ganzen Fisch oder Filets erst unmittelbar vor der Zubereitung (sparsam!) mit Salz würzt, denn es entzieht ihm Wasser und würde bei zu üppiger Bemessung den Geschmack verderben (versalzen) sowie den Fisch austrocknen.

SALZ

Bei manchen Fischarten (z. B. Aalen, Schleien und Wallern) kann es mitunter hilfreich sein, sie mittels Salz von ihrem Schleim zu befreien. Dazu überschüttet man sie mit Salz und zieht den im Salz gebundenen Schleim anschließend vom Fischkörper.

Frisch gefangene Fische müssen richtig aufbewahrt werden.

Nur wenn es in die Tiefkühltruhe geht, gehören Fische, hier Zanderfilets, in Plastiktüten.

Fische richtig aufbewahren

Fisch zählt zu den am schnellsten verderblichen Lebensmitteln überhaupt und sollte unter keinen Umständen leichtfertig aufbewahrt sowie anschließend zubereitet und verzehrt werden.

Um an seiner in den Morgenstunden gefangenen Beute auch nach einem langen Angeltag noch kulinarische Freude haben zu können, ist es wichtig, sie am Gewässer richtig aufzubewahren. Folgende fünf Richtlinien sollten unbedingt beachtet werden:

1. Bewahren Sie Fisch unter allen Umständen an einem schattigen und luftigen Platz auf.
2. Hältern Sie getötete Fische niemals im Wasser (Eimer, Unterfang- oder Setzkescher), denn im Wasser befinden sich mehr zersetzende Bakterien als an Land.
3. Fischfleisch muss atmen. Dies kann es nicht in einer Plastiktüte. Verpacken und transportieren Sie Ihre Beute daher in einer Jute- oder Baumwolltasche. Dort ist für ausreichende Umluft und für Schutz vor Insekten gesorgt.
4. Schuppen Sie Fische so rasch wie möglich, denn erstens bekommt man feuchte Schuppen schneller und einfacher vom Fisch entfernt und zweitens reinigt man den Fisch beim Schuppen auch vom Schleim, der außerhalb des Wassers, besonders im Sommer, rasch zu einem Nährboden für Bakterien werden kann.
5. Im Sommer ist es zudem wichtig, die Beute rasch auszunehmen und so die Bildung von Gasen im Fischkörper zu unterbinden.

TROCKNUNG

An warmen Tagen kann es hilfreich sein, einen frisch abgeschlagenen Fisch nicht nur zu schuppen und auszunehmen, sondern auch seine Kiemen zu entfernen. Einen solch ausgeweideten Fisch hängt man dann (z. B. an einem Ast) auf und sorgt so für seine „Trocknung“, die ihn länger haltbar macht.

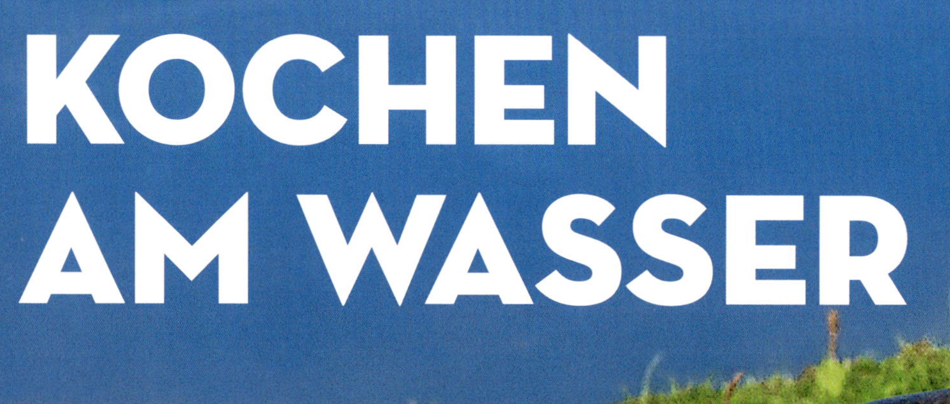

KOCHEN AM WASSER

Auf den meisten Angeltouren wird Bier mitgeführt und auch zur Beute getrunken.

Welche Getränke zum Fisch?

„Fisch muss schwimmen." Diese alte Weisheit gilt auch am Grill und Lagerfeuer, denn eine Fischmahlzeit, egal ob Fett- oder Magerfisch auf dem Teller serviert wurde, liegt meist schwer im Magen, sodass mit Bier, Wein oder einem Schnäpschen nachgespült werden sollte.

In der Outdoorküche wird zumeist Bier getrunken, denn der Gerstensaft lässt sich am leichtesten öffnen und schmeckt zur Not auch aus der Flasche oder Dose. Zum Bier gibt es nicht viele Worte zu verlieren, denn jeder Petrijünger hat seinen eigenen Favoriten, der hell, dunkel oder weiß sein kann.

Mitunter lohnt es sich aber auch, zum selbst gefangenen Fisch die eine oder andere Flasche Wein zu entkorken und den Rebensaft aus Gläsern zu trinken. Grundsätzlich gilt bei Tischweinen die alte Regel „Je zarter das Gericht, umso leichter der Wein". Im Zweifelsfall ist ein trockener Riesling zu jedem Meeres- oder Süßwasserfisch, ob gekocht, gebraten, geräuchert oder gegrillt, eine gute Wahl. Zu Forelle, Zander, Barsch, Weißfisch und Dorsch passt auch ein herber Weißburgunder. Kommen Makrelen, Aale, Karpfen oder Schleien auf den Tisch, darf es durchaus auch ein trockener Rosé sein.

Bei Schnäpsen sieht es in der Regel so aus, dass die Region entscheidet, welcher Brand zu welchem Fisch getrunken wird. Zur irischen Forelle oder zum Lachs wird es in der Regel wohl ein Irish Whiskey sein, so wie für dieselben Fischarten auf der Nachbarinsel ein Scotch durch die Kehlen der Fänger rinnen wird. Zum Waller aus dem Donaudelta ein Sliwowitz und zum Hecht aus dem Bodensee ein Obstler.

Für Abstinenzler ist es nicht ganz so leicht, in der Natur einen schmackhaften Begleiter zum Fisch zu servieren. Am besten ist es, sich eine Schorle aus einem guten Apfelsaft und einem Medium-Mineralwasser zu mixen oder einen Ingwertee in der Thermoskanne mitzuführen. Cola, Limonade und Orangensaft sind hingegen keine guten Getränke zu Fisch, denn sie haben zu viel Süße bzw. Bitterstoffe.

Bier, Wein und alkoholfreien Getränken ist gemein, dass man sie im Setz- oder Unterfangkescher so lange im Gewässer baden kann, bis sie eine angenehme Trinktemperatur erreicht haben.

BIERKRUSTE

Bier ist nicht nur ein herrliches Getränk zu Fisch in allen Variationen, sondern kann auch zu einer wunderbaren und krossen Kruste auf gegrillten Fischen beitragen. Kurz vor Erreichen des Garpunktes aufs Grillgut aufgetragen, wird Bier zum Bräunungsmittel erster Güte.

Pfeffer ist nicht allein ein Grundgewürz.
In Kombination mit Fisch wird er zur Delikatesse.

Kräuter sind nicht nur zum Bestreuen, sondern auch zum Marinieren vorzüglich geeignet.

Gewürze, Kräuter und Dips

Das Fleisch vieler Süßwasserfischarten (besonders das von Weißfischen) ist nicht sehr geschmacksintensiv und mundet, allein mit Salz und Pfeffer gewürzt, zumeist nur leidenschaftlichen Fischessern. Um auch andere um ein Grill- oder Lagerfeuer versammelte Zeitgenossen auf den Geschmack zu bringen, können Streugewürze und Dips oft Wunder wirken.

GEWÜRZE

Die oberste Regel für alles, was auf den Grill kommt, lautet: Ohne Salz und Pfeffer geht nichts! Neben diesen Grundgewürzen gibt es aber noch eine Reihe anderer getrockneter Gewürze, die einer Outdoormahlzeit das gewisse Etwas verleihen und aus einem Essen eine Delikatesse machen.
Die meisten Gewürze und Gewürzmischungen kann man in praktischen Streuern kaufen und in der Jackentasche zum Grillen mitführen.

KLEINE PFEFFERKUNDE

Ob man nun weißen, schwarzen oder bunten Pfeffer verwendet, ist eine reine Geschmacksfrage. Am besten hat man einen Streuer mit jeder Pfeffersorte dabei.
Schwarzer Pfeffer ist fast reifer, getrockneter Pfeffer, der seine Farbe durch die Trocknung erhält. Er ist geschmacksintensiver sowie milder als weißer Pfeffer und eignet sich sehr gut zum Würzen von aromatischen Fischen (Zander, Barsche, Hechte sowie Meeresfische).
Weißer Pfeffer bleibt beim Schälen des schwarzen Pfeffers übrig, ist also das eigentliche Pfefferkorn und entsprechend scharf. Er ist das perfekte Würzmittel für alle Fischarten mit wenig Eigengeschmack (Rotaugen, Brassen, Rotfedern).
Grüner Pfeffer wird unreif geerntet und eigentlich frisch verarbeitet. Bei uns werden seine Körner meist im Glas, eingelegt in eine Salz- oder Essiglake, verkauft. Er ersetzt keinen weißen oder schwarzen Pfeffer und kommt in der Outdoorküche nur als raffinierte Zutat, nicht aber als Grundgewürz zum Einsatz.
Bunter Pfeffer ist eine Mischung aus unterschiedlichen Pfeffersorten (weiß, schwarz), wobei die bunten Körner keine Pfefferkörner, sondern vom jeweiligen Hersteller beigemischte (getrocknete) Kräuter sind.

In der Outdoorküche spielen grobe Gewürze, hier bunter Pfeffer, eine wichtige Rolle.

KRÄUTER

Kräuter kommen beim Grillen und Braten von Fisch auf dreierlei Art und Weise zum Einsatz. Man kann sie zum direkten Einstreichen und Belegen der ganzen Fische oder Filets verwenden, den Bauchraum eines Fisches mit ihnen füllen oder sie in Soßen und Dips verwenden. Unter den vielen auf Märkten und in Gemüseläden erhältlichen Kräutern sind Folgende die wichtigsten für die Fischküche:

Dill ist eines der beliebtesten „Fischkräuter" und wird entweder in Dips und Soßen oder zur Füllung von ganzen Fischen verwendet. Nach Möglichkeit sollte man frischen Dill benutzen und nur in absoluten Notfällen auf getrockneten aus dem Glas zurückgreifen.

Rosmarin passt zu fast allen Fischarten. Die sehr aromatischen Rosmarinnadeln können für Marinaden, gebratenen und gegrillten Fisch verwendet werden. Sie eignen sich auch sehr gut zur Füllung ganzer Fische.

Salbei ist ein mediterranes Kraut mit würzigem und herbem Aroma. Es schmeckt ausgezeichnet zu gebratenem und gegrilltem Fisch und findet sich in vielen Soßen. Viele Köche schätzen Salbei zu Zander- und Barschgerichten.

Kräuter und Fisch gehören zusammen. Die Pflanzen sorgen für wunderbare Aromen.

Thymian kann sowohl getrocknet als auch frisch verwendet werden. Er fehlt eigentlich in keiner Küche. Thymian ist sehr aromatisch und hat einen kräftigen, leicht herben Geschmack. Er harmoniert sehr gut mit gegrilltem und gebratenem Fisch, passt aber auch in Dips und Soßen.

Zitronenmelisse kommt meist in Mischungen mit anderen Kräutern (Basilikum, Rosmarin, Salbei) in Soßen zum Einsatz und passt hervorragend zu allen gebratenen und gegrillten Fischgerichten.

Petersilie ist für fast alle Fischgerichte zu verwenden und zählt zu den beliebtesten Küchenkräutern überhaupt. Die Petersilie hat einen würzigen und leicht bitteren Geschmack. Sie sollte unbedingt frisch verwendet werden.

DOSIERUNG

Je frischer die Kräuter sind, umso sparsamer müssen sie dosiert werden. Werden Kräuter auf der Oberseite des Fisches verarbeitet, sollten 70 Prozent der Gesamtfläche bedeckt sein. Werden sie in den Bauch gelegt, darf ihre Dosierung großzügiger ausfallen.

KRÄUTERBUTTER SELBST GEMACHT

Geht es am Wochenende ans Wasser, werden die meisten Angler wohl eine Rolle Kräuterbutter aus dem Regal des Supermarktes in ihre Kühltasche packen. Grillt man aber im Garten oder auf dem Balkon, lohnt es sich, die Kräuterbutter selbst herzustellen.

Zutaten:

250 Gramm Butter, einen Teelöffel Olivenöl, Salz, Pfeffer (je nach Geschmack weißen oder schwarzen), zwei Zweige Oregano, ein bis zwei Knoblauchzehen, ein halber Zweig Rosmarin, fünf Stängel Schnittlauch, drei Stängel Petersilie, zwei Zweige Thymian und zwei Blätter Salbei. Bei den Kräutern ist es wichtig, dass diese frisch und nicht getrocknet sind. Je nach Geschmack können die Mengen der Zutaten unterschiedlich kombiniert werden.

Kräuterbutter passt zu vielen Grill- und Bratgerichten. Hier wurden Hornhechte vor dem Braten im Kanonenofen mit Kräuterbutter belegt.

Zubereitung:

Butter aus dem Kühlschrank ist für eine Verarbeitung zu hart. Je nach Außentemperatur holt man sie am besten ein bis zwei Stunden vorher heraus. Rosmarin, Salbei und Thymian von ihren Stängeln trennen, denn es sollen nur die Nadeln bzw. Blätter verarbeitet werden. Alle Kräuter mit dem Messer in sehr kleine Stücke schneiden (den Knoblauch auf keinen Fall mit der Knoblauchpresse zerdrücken) und anschließend zusammen mit der Butter und dem Olivenöl in einer Schüssel vermischen. Danach für zwei bis drei Stunden in den Kühlschrank geben.

Egal, wie der Fisch zubereitet wird, ein Schuss Zitrone und ein Löffelchen Kräuterbutter passen immer.

Fische ausnehmen geht auch outdoor, aber die Innereien gehören nicht ins Wasser!

DIPS

Zwar gibt es fertige Dips in Gläsern in jedem Supermarkt zu kaufen, doch ist es recht schwierig, für das spezielle, aus dem heimischen Baggersee gefischte Grillgut eine passende Soße zu finden. Hier sollte man selbst tätig werden. Die Herstellung von leckeren Dips, die über Holzkohle oder der Glut eines Lagerfeuers gegartem Fisch den letzten und entscheidenden Pfiff verleihen, ist keine Hexerei und kann daheim rasch vorbereitet werden. Die Dips verderben bei schönem Wetter allerdings recht schnell und müssen daher am Wasser in einer Kühltasche aufbewahrt werden.

SCHARFER SENF-DIP

Eine wunderbare süß-saure Soße, die sehr gut zu knusprig gegrillten Rotaugen und Rotfedern passt.

Zutaten:

Vier Esslöffel scharfer Senf (z. B. Düsseldorfer Löwensenf), zwei Esslöffel Honig, ein Glas Mayonnaise, etwas Chilipilver. Wer Kalorien sparen möchte, kann statt der Mayonnaise auch *Miracel Whip* verwenden.

Zubereitung:

Alle Zutaten in einer Schüssel verrühren und im Kühlschrank über Nacht durchziehen lassen.

1

2

1. Das Filetieren beginnt mit dem Kopfschnitt.

2. Auch Fischhack lässt sich aus Filets herstellen und daraus wiederum eine leckere Fischrolle.

Nach dem Kopfschnitt wird der Rücken etwas eingeschnitten und dann von hinten nach vorne das Filet von den Gräten getrennt.

ERDNUSS-DIP

Ein fernöstlich anmutender Dip, der besonders gut zu gebratenem festfleischigen Fisch (Zander und Barsch) passt.

Zutaten:

100 Gramm gesalzene Erdnüsse aus der Dose, ein Glas trockener Weißwein (am besten Riesling) und ein halber Becher Crème fraîche, Sojasoße (aus dem China-Laden), Chiliöl und weißer Pfeffer.

Zubereitung:

Die Erdnüsse zerstoßen und mit dem Weißwein und der Crème fraîche zu einer sämigen Soße verrühren. Abgeschmeckt wird die Mischung mit Sojasoße, Chiliöl und Pfeffer.

COGNAC-DIP

Ein würziger Dip für alle gebratenen oder geräucherten „Grundfische“ (Karpfen, Aal, Wels sowie Afrikawelse aus kommerziellen Angelteichen).

Wenn gewünscht, kann vom Schwanzende her das Filet von der Haut gelöst werden.

Zutaten:
Ein Becher Crème fraîche, zwei Esslöffel Zitronenmarmelade (am besten original englische z. B. von *Chivers*), Cognac, Salz und Pfeffer (je nach Geschmack schwarz oder weiß).

Zubereitung:
Crème fraîche, und Marmelade in einer Schüssel vermengen und die Masse anschließend mit den übrigen Zutaten abschmecken.

Leckerer Cognac-Dip

SALATE

Zum Grilllen gehören traditionell auch Salate. Geht es jedoch darum, seine Beute am Angelgewässer in eine schmackhafte Mahlzeit zu verwandeln, stehen der Herstellung sowohl die äußeren Bedingungen wie auch die Möglichkeiten einer sachgerechten Kühlung der notwendigen (frischen!) Zutaten im Wege. Wer nicht auf etwas Knackiges zum Fisch verzichten möchte, ist daher oft gezwungen, auf „Notbehelfe" zurückzugreifen. Dosengemüse (Mais, Kidneybohnen, gewürfelte Tomaten usw.) in Kombination mit Speiseöl stellt einen leckeren und fairen Kompromiss dar und passt zu fast allen gegrillten und über dem Feuer zubereiteten Fischgerichten.

1. Gute Vorbereitung ist alles – auch am Wasser.

2. Mit Dosengemüse und Kartoffeln kann man beim Outdoorkochen schmackhafte Beilagen zu selbst gefangener Beute zaubern.

1

2

Nicht jeden Grill kann man einfach so mit ans Wasser nehmen, aber fast jeden Topf.

Es ist zweitrangig, für welchen Grill man sich entscheidet. Wichtig sind seine Sicherheitsstandards.

Grill- und Lagerfeuerrezepte

Grillen ist die gebräuchlichste, gemütlichste und schönste Form der Fischzubereitung im Freien. Wird nicht im heimischen Garten oder auf dem Balkon gegrillt, wo man zu gas- oder gar elektrobetriebenen Grills greifen kann, kommt meist ein Holzkohlegrill zum Einsatz.

Aus der Vielzahl der unterschiedlichen Grills den richtigen auszuwählen, ist, wie bei vielen Anschaffungen, eine Frage des persönlichen Geschmacks sowie des Geldbeutels. Wichtig bei der Auswahl des richtigen Holzkohlegrills ist jedoch seine Sicherheit. Ein guter Grill muss drei Sicherheitskriterien erfüllen: Er muss über einen sicheren Stand verfügen, darf also nicht umkippen, sollte hochwandig sein, damit ein plötzlicher Windstoß die Glut nicht in alle Himmelsrichtungen tragen und einen Brand verursachen kann, und muss Griffe aufweisen, mittels derer man ihn im Notfall heben, wegstellen und transportieren kann.

SAFETY FIRST

Um beim Grillen und am Lagerfeuer auf Nummer sicher gehen zu können, sollte man als Grillmeister nie Kleidung aus synthetischen Stoffen tragen und keinesfalls auf die Idee kommen, ein Feuer mit flüssigen Brennstoffen (Spiritus, Benzin etc.) zu entfachen.

FOLIENFISCH AUS DER GLUT

Das einfache Lagerfeuerrezept eignet sich sehr gut für alle festfleischigen Fische (Aal, Aalquappe, Waller, Plattfische).

Zutaten:

Zitronensaft, Salz, schwarzer Pfeffer, mittelscharfer Senf, je ein Bund Petersilie, Schnittlauch und Dill (oder getrocknet aus dem Glas).

HAUTSCHNITT

Schnitte in die Haut sorgen dafür, dass sich ganze Fische oder Filets in der Pfanne oder auf dem Grillrost nicht kringeln.

Zubereitung:

Die ganzen Fische (bei großen Exemplaren breite Koteletts) mit dem Zitronensaft säuern, leicht mit Salz und Pfeffer bestreuen, dünn mit Senf bestreichen sowie mit einer Hackmischung aus den Kräutern „panieren" und anschließend in Alufolie verpacken.
Die Fischpäckchen in der Glut eines herabgebrannten Lagerfeuers je nach Größe der Fische gut 10 bis 15 Minuten garen. (Wer es gern etwas rustikaler mag, kann die Fische bzw. Fischstücke zusätzlich mit Scheiben von dünn geschnittenem Räucherspeck umwickeln.)
Zu diesem rustikalen Gericht reicht man ein paar Scheiben ungesüßtes Weißbrot und trinkt es mit einem kräftigen Bier (am besten Alt- oder Kellerbier).

Fisch in der Folie ist ein beliebtes Gericht.

ZANDERSCHNITTEN IN ALUFOLIE

Zander zählen zu den begehrtesten Süßwasserfischen und sind bei jeder Grillparty sehr willkommen. Portionierte Zanderfilets eignen sich besonders zur Verwertung größerer Stachelritter, die als ganze Fische für den Grill zu groß wären.

Zutaten:

Zanderfilets (etwa 300 Gramm pro Person), Butter, Dosenmilch (Kaffeemilch), getrocknete Gewürze aus dem Streuer (Petersilie, Rosmarin, Estragon, Liebstöckel, Thymian), Zitronensaft, Salz und weißer Pfeffer sowie Alufolie. (Die Menge der Gewürze und Zutaten richtet sich nach der Anzahl der Portionen.)

Zubereitung:

Die Zanderfilets mit Zitronensaft beträufeln, salzen und pfeffern. Anschließend mit den übrigen Zutaten je nach Geschmack mehr oder weniger kräftig würzen. Alufolie mit Butter einstreichen und die Zanderfilets darin verpacken. Auf dem Grill sind die Pakete in knapp 10 Minuten fertig gegart. Zu diesem recht würzigen Essen passen Weißbrot (evtl. Kräuterbaguette) und trockene Weißweine.

ZEDERNHOLZ

Wird im heimischen Garten mit einem Kugelgrill gearbeitet, so lassen sich Fische auch sehr gut auf gewässerten Brettern aus Zedernholz garen, diese geben dem Fleisch ein feines Raucharoma.

In Folie kann man allerlei Lebensmittel zubereiten.

Grillen bereitet immer Spaß und Freude.
Auch allein und mit einem einzelnen Fisch (hier einer Makrele).

ZANDER MIT GRILLTOMATEN

Ein leichtes und leicht bekömmliches Sommerrezept, das man in Ermangelung eines Zanders auch sehr gut mit Barschen zubereiten kann.

Zutaten:

Ein ganzer Zander (etwa 1,5 Kilo), eine Zitrone, zwei Stangen Porree, vier große Tomaten, Butter, Salz und weißer Pfeffer sowie Alufolie und eine Aluschale.

Zubereitung:

Den Zander salzen, pfeffern und mit dem Saft der Zitrone würzen. Eine Aluschale mit Butter ausstreichen und den gewürzten Fisch darin auf dem Rost des Holzkohlegrills etwa 25 Minuten grillen. Die gebutterte Schale macht es möglich, ihn zu wenden, was je nach Temperatur der Glut mehr oder weniger oft nötig ist. Etwa fünf Minuten vor Erreichen der Garzeit die gewaschenen und klein geschnittenen Porreestangen hinzugeben.
Für die Grilltomaten:
Die Tomaten waschen und anschließend kreuzweise einschneiden und mit weicher Butter bestreichen. Danach in Alufolie wickeln und auf dem Rost etwa 10 Minuten garen.
Wie zu allen Zandervariationen schmeckt Weißbrot, Klebreis und natürlich ein trockener Riesling.

MANDELFORELLE VOM ROST

Ein kinderleicht zu kochendes Grillrezept, das sich sowohl für Regenbogenforellen aus dem Angelteich wie für Bachforellen aus der Natur eignet.

Zutaten:

Portionsforellen aus dem Angelteich (pro Person ein Fisch von etwa 350 Gramm), geriebene Mandelscheiben oder -splitter, Zitronensaft, Butter, Salz und Pfeffer sowie Alufolie.

Zubereitung:

Die Fische gründlich waschen, salzen, pfeffern und leicht mit Zitronensaft säuern. Anschließend mit Butter einstreichen, dick mit den Mandelscheiben belegen, in Alufolie einschlagen und auf dem Rost etwa eine Viertelstunde grillen. Es ist wichtig, die Pakete einmal zu wenden, damit die Mandeln in der Butter knusprig anbraten können und eine schöne Farbe annehmen. Ein trockener Weißwein mit einem Stück Baguette passt hier ebenso gut wie ein Pilsener Bier mit Folienkartoffeln.

Noch schnell das Abendessen aus den Fluten zaubern.

BRASSEN MIT KRÄUTERN DER PROVENCE

Brassen stehen im völlig unbegründeten Ruf, keine Delikatesse darzustellen. Wer sie vom Grill mit Kräutern der Provence genossen hat, wird zukünftig eine Lanze für diese bodenständigen Fische brechen.

Zutaten:

Ganze Brassen (es dürfen ruhig große Fische von mehr als 1,5 Kilo sein), Kräuter der Provence, Sonnenblumenöl, Zitronen, Salz und Pfeffer.

Zubereitung:

Die Brassen gründlich, waschen, abtrocknen sowie innen und außen reichlich mit Zitronensaft beträufeln. Anschließend 10 Minuten ruhen lassen und erst dann salzen, pfeffern und mit Kräutern der Provence bestreuen. Auf dem Grill von jeder Seite (je nach Größe der Fische) jeweils sechs bis 10 Minuten grillen. Zu den Kräutern der Provence passt ein Stück Baguette und ein Glas helles Bier.

Auch das sind Brassen, aber filetiert.

GRILLFISCH MIT KNOBLAUCH

Dieses würzige Rezept stammt aus dem Mittelmeerraum und wurde ursprünglich für Schwertfischsteaks erfunden. Es eignet sich aber für alle Fischarten und ist besonders für solche Fische ideal, deren Fleisch gemeinhin als aromaarm gilt (Döbel, Aland, Güster, Hornhecht usw.).

Zutaten:

500 Gramm Fisch (Filets oder ganze Fische), vier Knoblauchzehen, Saft einer Zitrone, Olivenöl, Salz und Pfeffer (je nach Geschmack schwarz oder weiß) sowie eine Aluschale.

Zubereitung:

Den Zitronensaft mit vier bis fünf Esslöffeln Olivenöl verrühren und mit Salz und Pfeffer würzen. Die Knoblauchzehen häuten und in feine Würfelchen hacken. Den Fisch mit dem Würzöl bestreichen, mit dem Knoblauchhack belegen und anschließend in der Aluschale auf dem Rost des Holzkohlegrills garen. Wer es mag bzw. aushält, kann den gehackten Knoblauch auch erst auf den fertig gegrillten Fisch geben. Zum mediterranen Charakter dieses Essens passt Weißbrot (Baguette) mit einem trockenen Riesling. Wenn es statt Wein ein Bier sein soll, so ist ein Pils die richtige Wahl.

Viele Fischarten vertragen eine ordentliche Portion Knoblauch, hier Zanderfilets.

Forellen werden sehr häufig in Alufolie zubereitet.

QUALITÄTSMERKMALE GUTER ALUFOLIE

Alufolie (auch Silberfolie genannt) gibt es mit einer Dicke von 10 bis 15 Mikrometer, einer Breite von 30 bis 50 Zentimetern und einer Länge von bis zu 10 Metern. Soll sie als Grillfolie verwendet werden, ist ihre Dicke und somit ihre Reißfestigkeit ein entscheidendes Qualitätsmerkmal. Billige und dünne Alufolie ist kein Hilfsmittel, sondern ein beständiges Ärgernis, denn sie lässt sich schlecht abrollen und neigt zum Abreißen. Wählen Sie daher möglichst dicke und breite Folie, denn aus ihr kann man sowohl feste und haltbare Grillpakte formen als auch stabile Bratflächen auf dem Grillrost herstellen. Am besten eignet sich Folie mit einer Breite von 60 Zentimetern und einer Dicke von mindestens 12 Mikrometern. Alufolie hat eine matte und eine glänzende Seite. Bei den meisten Folien unterscheiden sich beide Seiten nur optisch. Es gibt jedoch moderne Mischungen aus Aluminium und Kunststoffen. Bei diesen Produkten wird die matte Seite beim Grillen nach außen geschlagen, denn sie nimmt Hitze auf und leitet sie nach innen ins Grillgut. Achten Sie vor dem Gebrauch auf die Verpackung der Folie, hier werden ihre Eigenschaften beschrieben.

Es lohnt sich, Fischfilets nach Fleischgräten zu untersuchen und diese zu entfernen.

GESPICKTE HECHTKOTELETTS VOM ROST

Hechtfleisch ist zwar sehr beliebt, gilt aber als trocken. Um Hechte auf dem Grill saftig zubereiten zu können, ist Speck ein guter und leckerer „Saftigmacher“.

Zutaten:

Koteletts vom Hecht (pro Portion rund 300 Gramm), für jede Portion rund 30 Gramm fetter Speck (auf der Aufschnittmaschine in dünne Streifen geschnitten), mittelscharfer Senf, Sonnenblumenöl, Zitronensaft, weißer Pfeffer und Salz.

Zubereitung:

Die Hechtkoteletts mit Speck spicken. Und anschließend mit Zitronensaft säuern, salzen und pfeffern sowie mit Öl und Senf bestreichen. Die so präparierten Portionen rund eine halbe Stunde einziehen lassen und anschließend auf dem Grill garen. (Ist keine Spicknadel zur Hand, kann man das Hechtfleisch auch vorsichtig einschneiden und den Speck in die Einkerbungen legen.)
Zu diesem rustikalen Essen schmecken Folienkartoffeln und ein kräftiges Alt- oder Kellerbier.

BROT

Hat man sich an einer Gräte verschluckt, ist es meist sinnlos, sie nur mit Wasser herunterspülen zu wollen. Am besten wird man einen solchen Quälgeist mit trockenem Brot wieder los, denn in ihm verfängt er sich weit besser als in allen anderen Lebensmitteln. Erst wenn er sich gelöst hat, wird mit Wasser nachgespült.

Damit Filets, hier vom Hornhecht, nicht am Rost ankleben, müssen sie auf geölter Alufolie gegrillt werden.

DIE RICHTIGE GRILLTEMPERATUR

Beim Grillen ist es wichtig, dass die Kohle nicht zu heiß wird, denn Fisch ist sehr empfindlich. Fische und erst recht Fischfilets sollten unbedingt vor der starken Hitze eines offenen Feuers geschützt werden, damit sie nicht austrocknen oder gar anbrennen. Vor dem Grillen sollte man deshalb so lange warten, bis die Holzkohle eine gleichmäßige Temperatur erreicht hat. Erst danach wird das Grillgut auf den Rost gegeben. Für den Garvorgang sollte man sich etwas Zeit lassen und den Fisch nicht direkt über dem Zentrum der Glut grillen. Am besten lässt man die Mitte des Rostes frei. Ganze Fische und Filets mit Haut sollte man auf der Hautseite grillen, bis sie fast durchgegart sind, und erst zum Schluss ein einziges Mal kurz wenden. Filets ohne Haut müssen unbedingt auf mit Öl eingestrichener Alufolie gegrillt werden, damit sie nicht am Rost ankleben.

Beim Grillen sollte man sich Zeit lassen und die Glut unter einem Fisch, hier eine Makrele, nicht zu heiß werden lassen.

SOMMER-MAKRELEN

Makrelen sind im Sommer leicht zu fangen. Oft kehrt man nach einer Kutterausfahrt oder einer Spinnangeltour an der Felsküste mit mehr Fischen zurück als man am Fangtag verwerten kann. Häufig landet die Beute dann in der Räuchertonne oder wird eingefroren. Statt den Fischgenuss auf später zu verschieben, können auch ungeübte Grillmeister einen ersten Schwung der Beute in eine Delikatesse verwandeln, die jedes Steak in den Schatten stellt.

Zutaten:

Ganze Makrelen, Zitronen, Butter, Salz, Gewürzmischung aus dem Glas (z. B. Fischers Fritze von *Ankerkraut* oder *Matzek Grill Gewürzmischung Fisch* von *Aldi*), Alufolie oder Aluschale.

Zubereitung:

Die gesäuberten Makrelen gut abtrocknen, mit Zitronensaft beträufeln und leicht salzen. Die Würzmischung mit Butter vermengen und die Fische anschließend mit der gewürzten Butter bestreichen und danach in Alufolie wickeln oder in eine Aluschale geben.
Je nach Größe der Makrelen und Temperatur das Grillgut 10 bis 15 Minuten auf den Rost legen und dabei wenden.
Am sommerlichen Grill schmecken die Grillmakrelen sehr gut mit Folienkartoffeln und einem kräftigen Bier (z. B. Rotbier).

VON INNEN

Werden Makrelen ohne Folie gegrillt, sollte man ihre Haut auf beiden Seiten leicht einschneiden. So garen sie von innen schneller und gleichmäßiger.

HOLZ-WOLLE

Natur statt Stinkbomben! Wer statt künstlicher Grillanzünder Holzwolle benutzt, tut der Umwelt und dem Geschmack seines Grillgutes einen Gefallen.

FOLIENBARSCH VOM GRILL

Kleinere Barsche sind nicht schwer zu fangen. Von Frühjahr bis Herbst gelingen einem (besonders in Bootshäfen, in der Nähe von Stegen und Brücken sowie überall dort, wo Bäume im Wasser liegen) oft Massenfänge kleinerer Barsche. Die Filets dieser Kleinbarsche, in der Schweiz Egli, am Bodensee Kretzer genannt, eignen sich vorzüglich für den Grill. Allerdings würden sie ohne Alufolie rasch durch den Rost fallen.

Zutaten:

Barschfilets (je nach Geschmack mit oder ohne Haut), feines Pflanzenöl, Zitronen, Tomaten, Salz und weißer Pfeffer sowie Alufolie.

Zubereitung:

Die Barschfilets mit Zitronensaft und Salz marinieren und für etwa 30 Minuten in einem geschlossenen Gefäß ruhen lassen. Anschließend werden sie mit dem Speiseöl eingepinselt, leicht mit Pfeffer bestreut und, je nach Größe, in Gruppen von zwei bis sechs, zusammen mit einer Scheibe Zitrone und zwei bis drei Tomatenscheiben in Alufolie gewickelt und auf dem Grill für etwa sieben Minuten einseitig gegart. Zu diesem einfachen Gericht passen Folienkartoffeln oder Weißbrot sowie ein Pilsener Bier.

1

2

GEGRILLTE ROTFEDERN

Dieses schnelle und einfache Gericht lässt sich zum Abschluss eine Angeltages ohne Aufwand am Gewässer zubereiten und mit ein paar Scheiben Weißbrot und Bier vorzüglich kombinieren. Am besten eignen sich größere Rotfedern (über 25 Zentimeter), weil deren Fleisch auf dem Grill nicht so schnell austrocknet.

Zutaten:

Ganze Rotfedern (mit oder ohne Kopf), Zitronen, Kräuter der Provence, Salz, schwarzer Pfeffer und Öl.

Zubereitung:

Die geschuppten, gesäuberten Rotfedern von Kopf und Flossen befreien, gründlich abwaschen und trocken tupfen. Die Fische anschließend mit dem Zitronensaft einreiben und etwa eine Viertelstunde ruhen lassen, danach salzen, pfeffern, mit den Kräutern bestreuen und von beiden Seiten auf dem Holzkohlegrill garen.
Auch wenn Rotfedern bei vielen Petrijüngern nicht im Ruf stehen, Edelfische zu sein, so verdienen sie doch einen edlen Tropfen. Zu den gegrillten Fischen schmeckt ein trockener Weißwein ganz hervorragend. Klebreis oder Weißbrot runden diese schmackhafte Mahlzeit vortrefflich ab.

1. Hecht und Barsch sind wunderbare Fische, Pilze passen hervorragend dazu.

2. Holzwolle statt Chemie

3. Auch Rotfedern lassen sich hervorragend verwerten.

3

Nur in Notfällen sollte man Briketts verwenden.

QUALITÄTSMERKMALE GUTER HOLZKOHLE

Neben dem Grillgut (Fische, Maiskolben, Kartoffeln etc.) ist die Holzkohle ein wichtiger und oft unterschätzter Bestandteil beim Grillen. Bei ihr gibt es große Unterschiede in der Beschaffenheit, Qualität und vor allem Brenn- bzw. Glühdauer. Aus der schier unüberschaubaren Menge von Grillkohle die für den Outdoorgrill richtige zu finden, ist nicht immer leicht. Die billigsten aus dem Bau- oder Getränkemarkt sind dabei jedoch oft auch die schlechtesten. Wählen Sie auf jeden Fall reine Holzkohle und lassen Sie die Finger von Holzkohlebriketts, denn diese bestehen nicht aus reiner Holzkohle, was sie schlechter brennen lässt und den Geschmack des Grillgutes negativ beeinflusst.

Reine Holzkohle lässt sich schneller als jede andere Grillkohle zu einer starken und lang anhaltenden Glut entzünden und sollte somit allen anderen Produkten vorgezogen werden. Kaufen Sie möglichst große Säcke, denn diese enthalten entsprechend große Stücke Holzkohle. Die beste Holzkohle ist auf der Verpackung mit einem DINplus- oder TÜV-Logo versehen, welches nur vergeben wird, wenn die Kohle frei von Beimischungen ist.

Die typischen Ess-Waller sind kleiner als dieser hier.

WALLER VOM GRILL

Das feste und fette Fleisch kleiner Waller eignet sich vorzüglich für eines der einfachsten Grillrezepte überhaupt. Es stammt aus dem Donaudelta und soll dort zu den bevorzugten Mittagsspeisen der Berufsfischer zählen. Geschmacksträger sind hier weder Öl noch Gewürze, sondern das Fett des Fisches.

Zutaten:

Ein kleiner Waller (etwa 80 Zentimeter), Sonnenblumenöl, Salz und schwarzer Pfeffer.

Zubereitung:

Den gut abgewaschenen Waller trocken tupfen und mit Öl bepinseln. (Der Waller darf dabei auf keinen Fall abgezogen bzw. gehäutet werden, sonst geht das schmackhafte Fett verloren.)
Auf dem Rost des Grills bei mittlerer Hitze so lange garen, bis das Fleisch zart und weich ist. Erst nach dem Grillen mit Salz und Pfeffer würzen.
Zu diesem kräftigen Gericht schmecken Folienkartoffeln am besten. Als Getränke kommen alle hellen Biersorten in Frage.

GUTES UND SCHLECHTES OLIVENÖL

Gutes Olivenöl erkennt man am Geruch, Geschmack und Alter. Es sollte nach Gras oder Kräutern duften, leicht bitter schmecken und nicht zu lange gelagert werden (Abfülldatum beachten!). Ein gutes Qualitätsmerkmal ist der Preis. Öle unter 10 Euro pro Liter sollte man nicht verwenden.

Olivenöl-Forellen sind eine schöne Alternative zu ihren Artgenossen aus dem Räucherofen.

OLIVENÖL-FORELLEN AUS DER FOLIE

Nach einem Angeltag am Forellensee ist dies eine interessante und exotische Variante für die Zubereitung kleinerer Forellen. Das Rezept passt auch prima zu Makrelen oder Flussbarschen.

Zutaten:

Vier Forellen (Portionsgröße), vier Zweige Rosmarin, acht Stiele glatte Petersilie, Olivenöl, zwei Zitronen, Salz, Pfeffer sowie Alufolie.

Zubereitung:

Die Forellen gut abspülen und trocken tupfen. Anschließend mit dem Saft der Zitronen beträufeln sowie salzen und pfeffern. Rosmarin, Petersilie und Zitronen in die Bauchöffnungen der Forellen verteilen. Jeden Fisch einzeln in mit Olivenöl bestrichene Alufolie packen und etwa 20 Minuten lang grillen.

Zu den mediterranen Forellen passen Kartoffeln aus der Glut ebenso gut wie eine Schnitte Weißbrot oder etwas Klebreis. Ein fruchtiger Weißwein oder Rosé macht die Mahlzeit zu einem Genuss.

KOCHEN, BRATEN UND GRILLEN AM HOLZFEUER

Wer seine Beute am Lagerfeuer zubereitet, genießt gegenüber Outdoorköchen, die mit Gas- oder Spirituskochern arbeiten, ein wesentlich schmackhafteres Mahl und ist dazu noch dreifach im Vorteil: Erstens, geht ihm nie der Brennstoff aus, zweitens wärmt ein Lagerfeuer und hält zudem lästige Mücken fern und drittens kann die Glut eines Holzfeuers wunderbar zur Herstellung schmackhafter Beilagen (Kartoffeln, Äpfel, Maiskolben, Fladenbrot etc.) genutzt werden.

ACHTUNG!

Die Entfachung eines offenen Feuers ist nicht überall erlaubt. Auch wo sie nicht ausdrücklich verboten ist, sollte der gesunde Menschenverstand walten. Im Wald, am Waldrand sowie auf trockenen Wiesenflächen ist es (besonders im Sommer) sträflich leichtsinnig, offene Feuer zu unterhalten.

Auch in der feuchteren Jahreszeit ist es ratsam, folgende fünf Sicherheitsregeln zu beachten:

1. Nicht jeder Erdboden eignet sich als Unterlage für eine Feuerstelle. Am Gewässer ist es daher wichtig, nur auf Stein- oder Sanduntergrund ein Lagerfeuer zu entfachen.
2. Beim Verfeuern von Ästen schlagen die Flammen oft bedeutend höher als erwartet. Es ist daher wichtig, nicht unter überhängenden Zweigen oder unter dem vermeintlich schützenden Dach einer Zeltplane zu zündeln.
3. Auch wenn man in Ufernähe campt, hilft einem das See- oder Flusswasser nur beim Feuerlöschen, wenn man es griffbereit hält. Fünf bis 10 Liter gehören in einen Eimer oder eine Schüssel neben die Feuerstelle.
4. Ein Feuer muss begrenzt werden. Am besten „umzäunt" man es mit Steinen. Auf der dem Wind zugewandten Seite muss ein solcher Steinring mindestens so hoch sein, dass die Flammen nicht ausgeblasen werden. Allerdings darf man sein Feuer auch nicht unerreichbar tief halten.
5. Um auf Nummer sicher zu gehen, sollte man seine Lagerstelle in einer Erdmulde anlegen, die man mit ein paar Klappspatenstichen schnell ausgehoben hat.

KOCH- UND BRATÖFEN

Für die Outdoorküche muss es nicht unbedingt immer ein Grill sein. Im Campinghandel gibt es wunderbare Kochöfen, die sich mit Holz befeuern lassen und auf deren Herdplatte man mittels Pfannen und Töpfen fast so gut wie in der heimischen Küche arbeiten kann. Kanonenöfen kommen mit erstaunlich wenig Brennmaterial aus. Das Prinzip ist ebenso einfach wie genial, denn sie funktionieren nach dem Kamineffekt, entwickeln also sehr schnell eine extrem starke Hitze und verglühen bzw. vergasen das verbrennende Holz, sodass es äußerst effektiv genutzt wird und dabei eine fürs Kochen notwendige Hitze erzeugt. Entwickelt wurden diese Geräte für die an Brennstoffen arme sog. Dritte Welt, in der Menschen mit ein paar Holzzweigen oder Reisig ihr komplettes Mittagessen kochen können. Für die Outdoorküche sind Kanonenöfen somit überall dort interessant, wo man ähnlich arm an Brennholz ist. Im Wesentlichen also in waldloser Landschaft oder am Meeresstrand. Mit zwei Händen voll dünner Zweige, ein paar Tannenzapfen oder einigen kleinen Holzstücken kann man in der Brennkammer schnell ein kleines und sehr heißes Feuer erzeugen, sodass auf der Feuerstelle mittels einer Bratpfanne oder eines Kochtopfes gekocht, gebraten und gedünstet werden kann.

Kanonenöfen sind Kochgeräte für anspruchsvolle Outdoorköche, die am Wasser raffinierte Gerichte oder sogar Suppen kochen möchten. Im Fachhandel gibt es verschiedene Modelle, die rund 130 Euro kosten.

Ein Kanonenofen mit einem Deckelbrattopf im Einsatz

SAUER EINGELEGTE ROTAUGEN

Ein wunderbares und auf dem Kanonenofen leicht kochbares Rezept für „zu viel gefangene" Rotaugen und Rotfedern. Die eingelegten Fische sind weit mehr als eine Resteverwertung, sondern können an heißen Sommertagen ein willkommener und erfrischender Snack sein.

Zutaten:

Für etwa 500 Gramm Rotaugen (ganze gesäuberte Fische):
Essig, eine große Zwiebel, Gurkengewürz (für Essiggurken von *Ostmann*), zwei Lorbeerblätter, fünf Wacholderbeeren, 50 Gramm Butter, Mehl, Salz und weißer Pfeffer.

Zubereitung:

Den geschuppten und gesäuberten Rotaugen die Köpfe abschneiden, anschließend mit Salz und Pfeffer würzen, mit Mehl bestreuen und in Butter braten. Die fertigen Bratfische auf einem Küchentuch abtropfen lassen und in eine tiefe Schüssel geben.

Für den Sud Gurkengewürz nach Beschreibung aufkochen, den Essig hinzugeben und abkühlen lassen. Den abgekühlten Sud über die gebratenen Fische geben, Zwiebelringe, Wacholderbeeren und Lorbeerblätter beifügen und ein paar Stunden ruhen lassen. Durch den Essig werden die Fische butterweich und das Fleisch kann entlang der Mittelgräte abgezogen werden. Dazu schmecken Pellkartoffeln und ein schönes Pils.

HOLZ

Holz findet sich fast überall. Zur Entfachung eines Lagerfeuers muss man keineswegs zum Holzfäller werden, sondern kann trockene Zweige und Äste sammeln, die man mittels einer kleinen Klappsäge oder eines Beils ruckzuck zu passenden Feuerhölzern sägen bzw. hacken kann.

Rotfedern eignen sich zum Einlegen.

HAUT

Die Haut größerer Fische sollte man vor dem Würzen leicht mit Öl einstreichen und mit einigen Einschnitten versehen. So wird ein unkontrolliertes Aufplatzen der Haut vermieden.

Nicht verkohlt – nur in der Glut gegart!

Speckrezepte

Ob im Kanonenofen oder in einer Alufolie, Speck ist für das Fleisch vieler magerer und „trockener“ Fischarten ein wunderbarer Saftigmacher und passt zu fast allen Raubfischarten. Vor allem gehört Speck aber zum Lieblingsfisch fast aller deutschen Angler, dem Hecht.

HECHT IM SPECKMANTEL

Dieses Rezept eignet sich wunderbar für mittelgroße Hechte, von denen nach der Säuberung (inklusive Kopf) noch rund zwei Kilogramm übrig sind.

Zutaten:

Ein Hecht, 150 Gramm fetter Speck in Aufschnittscheiben, 250 Gramm Magerquark, etwas Milch, Meerrettich aus der Tube, zwei Bund Petersilie, Saft einer halben Zitrone, Salz, weißer Pfeffer sowie Alufolie.

Zubereitung:

Den geschuppten und gesäuberten Hecht von innen und außen mit Salz, Pfeffer und Zitronensaft würzen, mit Petersilie füllen sowie mit den Speckscheiben belegen, mit Alufolie umwickeln und etwa eine Dreiviertelstunde grillen. Aus Quark, Meerrettich und Milch eine Creme rühren. Diese Creme etwa 10 Minuten vor Ende der Garzeit bei dann geöffneter Folie auf dem Fisch verteilen und ihn so bedeckt zu Ende garen lassen.

Folienkartoffeln oder Erdäpfel aus der Glut passen sehr gut. Hat man eine Pfanne zur Hand, so sind auch in Speck gebratene Bratkartoffeln eine wunderbare Alternative. Auf jeden Fall rundet ein schönes dunkles Bier (Alt- oder Kellerbier) den Genuss ab.

Spieße kann man natürlich auch in der Pfanne zubereiten.

FISCH AM SPIESS

Diese Schaschlikvariante eignet sich für alle festfleischigen Fischarten (z. B. Waller, Aal, Quappe usw.), kann aber an Schneidertagen auch sehr gut aus gekaufter „Beute"(Tintenfisch, Thunfisch etc.) hergestellt werden.

Zutaten:

500 Gramm gewürfeltes Fischfleisch (je nach Geschmack mit oder ohne Haut), 500 Gramm gewürfelte Zucchini (mit Schale), 200 Gramm Bauchspeck, eine große Paprika, 10 Cocktailtomaten, Saft einer Zitrone, Salz, Pfeffer sowie Alufolie.

Zubereitung:

Die in zwei bis drei Zentimeter geschnittenen Fischstückchen mit den ebenso großen Bauchspeckwürfeln und Paprika- und Zucchinihappen sowie den Cocktailtomaten auf Grillspieße stecken. Diese Kombination mit Zitronensaft beträufeln sowie salzen und pfeffern. Von beiden Seiten etwa fünf Minuten grillen. Es ist unbedingt darauf zu achten, dass man die Spieße nicht zu starker Hitze aussetzt. Wer auf Nummer sicher gehen will, kann sein Fischschaschlik auch auf einer geölten Alufolie statt auf dem blanken Rost grillen.
Weißbrot oder Klebreis passen ganz vorzüglich zu diesem sommerlichen und würzigen Essen.
Je nach Vorliebe passt ein trockener Weißer, ein fruchtiger Rosé oder ein Pilsener Bier.

FISCH MIT ZWEIERLEI SPECK

Auch bei diesem Speckklassiker ist ein rund zwei Kilo schwerer Hecht die Grundlage. Es passt aber auch hervorragend zu einem gleichgroßen Zander oder einer größeren Forelle (sog. Lachsforelle), wie man sie oft in kommerziellen Angelseen fängt.

Zutaten:

Ein Hecht, Zander oder eine Regenbogenforelle, 200 Gramm durchwachsener Speck, 50 Gramm fetter Speck (in Würfeln), eine Zitrone, Salz, weißer Pfeffer sowie eine Aluschale.

Zubereitung:

Den gesäuberten Fisch mit Zitrone, Salz und Pfeffer würzen und auf eine mit den Speckwürfeln belegte Aluschale geben. Anschließend die Schale auf den Rost des Grills stellen und eine halbe bis Dreiviertelstunde lang braten.
Am Lagerfeuer kann dieses Rezept auch in Form eines Alufolienpakets in der Glut gegart werden, dann ist die Garzeit (je nach Intensität der Glut) jedoch kürzer als auf dem Grillrost.
Egal, für welche Fischart man sich entschieden hat, stets passen Folienkartoffeln und ein Bier ganz vorzüglich.

Zu einem Speck-Rezept passen Bohnen immer.

Die Brennkammer ist ein bescheidener „Allesfresser“, der rasch eine große und langandauernde Hitze erzeugt.

Für exotische Variationen eignen sich fast alle Fischarten, hier Makrelen.

Fernöstliches vom Lagerfeuer

Wenn es darum geht, an Aromen ärmeren Fischarten (Weißfische, Karpfen, Grasfische) ohne viel Aufwand etwas Pfiff zu geben, eignen sich Soßen, Dips und Gewürze aus dem Asia-Supermarkt vorzüglich, schließlich machen solche Fischarten in weiten Teilen Chinas und Südostasiens das Gros der Speisefische aus, die von der ländlichen Bevölkerung auf offenem Feuer zubereitet werden.

GEGRILLTE FISCHE MIT SOJASOSSE

Das eigentlich für Grasfische erdachte Rezept eignet sich sehr gut für Rotaugen und Rotfedern, passt aber auch zu den europäischen Exoten wie Karauschen oder Giebeln sowie zu Makrelen.

Zutaten:

Ganze Fische (bei größeren Graskarpfen auch Koteletts), Essig, Salz, weißer Pfeffer, Butter, Sojasoße, Zwieback.

Zubereitung:

Die geschuppten und gesäuberten Fische mit Essig beträufeln und eine Viertelstunde stehen lassen. Anschließend mit Salz und Pfeffer bestreuen sowie innen und außen mit Sojasoße betröpfeln. Die Fische leicht einritzen, mit Butter bestreichen und mit dem zerbröselten Zwieback bestreuen. Je nach Größe der Fische von beiden Seiten sechs bis acht Minuten grillen.

Zu diesem einfachen Gericht passt sowohl Weißbrot als auch Klebreis. Je nach Geschmack kann dazu ein trockener Weißwein oder ein leichtes Bier getrunken werden.

ASIA-MARKT

Kocht man asiatische Speisen oder gibt klassischen Gerichten eine fernöstliche Note, lohnt es sich oft, dazu auch ein Bier aus der Region zu trinken. Im Asia-Supermarkt findet man eine interessante Auswahl thailändischer, philippinischer und chinesischer Biere.

KLEBREIS STATT WEISSBROT

Zu allen asiatisch angehauchten Fischrezepten vom Grill passt Klebreis meist besser als die klassische Scheibe Toastbrot. Die Herstellung von Klebreis ist recht zeitaufwendig und kann natürlich nur in der heimischen Küche erledigt werden.

Klebreis, auch Sticky Rice genannt, ist eine Reissorte, bei der durch den hohen Amylopektin-Anteil in der Stärke die Körner beim Dämpfen vollständig miteinander verkleben. Im Nordosten Thailands und in Laos stellt dieser oft zu Kugeln geformte Reis ein beliebtes Nahrungsmittel dar, das zu fast allen Mahlzeiten gegessen wird. Man erhält den Reis in jedem Asia-Supermarkt, wo er oft unter dem Namen *Glutinous Rice* angeboten wird.

Reis und Klebreis sind wunderbare Alternativen zur Toastbrotschnitte aus dem Supermarkt.

Zubereitung:

Den Reis in einer Schüssel mit Wasser gut waschen (dabei wird das Waschwasser durch die überschüssige Reisstärke trübe). Den Waschvorgang so lange wiederholen, bis das Wasser klar bleibt. Den Reis nach der Waschung in einen Kochtopf geben und mit Wasser auffüllen, bis er vollständig bedeckt ist. (Je nach Geschmack kann man sowohl in Salzwasser als auch in ungesalzenem Wasser kochen.)

Den Topf mindestens drei Stunden (am besten acht Stunden bzw. über Nacht) stehen und danach mit starker Hitze aufkochen lassen. Sobald das Wasser kocht, auf eine mittlere Hitzestufe reduzieren und den Reis ca. 25 Minuten bei geschlossenem Deckel köcheln lassen, bis er das Wasser vollständig aufgenommen hat. Anschließend aus der Masse Kügelchen oder Plättchen in Keksform herstellen.

GEGRILLTE ROTAUGEN IM INDONESISCHEN STIL

Rotaugen eignen sich vorzüglich für alle fernöstlichen Fischvarianten, denn sie kommen in Geschmack und Konsistenz vielen Weißfischen der südosteuropäischen Gewässer sehr nahe. An heißen Sommertagen ist dieses einfache Rezept für den Grill wärmstens zu empfehlen.

Zutaten:

Ganze Fische (mit oder ohne Kopf), Butter, Sojasoße (aus dem China-Supermarkt), Weißweinessig, Salz, Pfeffer sowie Alufolie.

Zubereitung:

Die Rotaugen von innen und außen mit Essig beträufeln und etwa eine Viertelstunde ruhen lassen. Danach mit Salz und Pfeffer würzen, mit Sojasoße beträufeln und auf einer mit Butter bestrichenen Alufolie auf dem Holzkohlegrill beidseitig so lange garen bis die Fische knusprig bzw. kross sind. Wer es scharf mag, kann die fertigen Rotaugen mit Indonesischer Chilipaste (Sambal Olek) würzen.

Zu diesem Klassiker aus der indonesischen Inselwelt passen nur Klebreis und Bier. Tropentaugliche Biersorten wie Becks und Heineken oder Marken aus dem Asia-Supermarkt sind hier bestens geeignet.

SAMBAL – EIN INDONESISCHER KLASSIKER

Sambal ist der Sammelbegriff für verschiedene Würzsoßen aus Indonesien, die oft in kleinen Schälchen als Dip gereicht werden. Dabei handelt es sich um dickflüssige (beinahe pastenförmige) Soßen auf Chili-Basis. Je nach Anteil der verarbeiteten Chilischoten kann der Schärfegrad des Sambals von beißend-heiß bis süßlich variieren. Zum Fisch vom Grill passt am besten *Sambal Pepesan*, den man in Gläsern im Asia-Supermarkt bekommt.

Zu kross gebratenem Fisch ist Sambal eine gute Wahl.

Brassenfrikadellen schmecken sowohl heiß als auch kalt.

Und auch mit Remouladensoße

Rezepte für die Hütte

Die eine oder andere Mahlzeit bedarf eines gewissen Aufwandes bzw. ein wenig Vorbereitung und eignet sich eher für die Blockhütte oder für den Camper.

FRIKADELLEN VOM BRASSEN

Klopse aus Brassen sind eigentlich ein Klassiker aus der ostpreußischen Küche und fanden ihren Weg nach Westen zu Beginn des 20. Jahrhunderts. Die heute sehr beliebten Frikadellen kann man entweder auf dem Kanonenofen oder dem mit Alufolie belegten Grill direkt am Angelgewässer zubereiten oder sie kalt als Zwischenmahlzeit in den Proviantrucksack stecken.

Zutaten:

Etwa 500 Gramm Brassenfilets (ohne Haut), 500 Gramm Schweinemett, Zwiebel (mindestens 100 Gramm, je nach Geschmack auch mehr), ein trockenes Brötchen oder drei Schnitten ungesüßtes Weißbrot, ein Ei, Salz, schwarzer Pfeffer (sowie Alufolie).

Zubereitung:

Die Brassenfilets in Salzwasser so lange leicht köcheln, bis das Fleisch zerfällt. Die Fischstücke trocken tupfen und auskühlen lassen. Zwischenzeitlich die Zwiebeln in kleine Würfel schneiden. Das Brötchen in Wasser einweichen und anschließend gut auswringen. Danach die Fischmasse mit dem Mett verkneten, Brötchenmasse, Zwiebelwürfel und Ei hinzugeben, alles gut vermengen und mit Salz und Pfeffer würzen. Aus dem gewonnenen Teig Frikadellen formen und diese entweder in Öl ausbraten oder auf dem Rost grillen. Die Brassenfrikadellen schmecken sowohl heiß als auch kalt. Werden sie kalt gegessen, empfiehlt es sich, sie mit scharfem Senf zu würzen. Egal ob frisch vom Grill oder aus der Kühltasche: Zu den Klopsen passt immer ein Brötchen und eine Flasche Pilsener Bier.

Outdoorpfannen eignen sich für viele Fischgerichte.

OSTPREUSSISCHE PLÖTZEN (ROTAUGEN)

Nicht nur die beliebten Brassenklopse stammen aus dem ostpreußisch-polnischen Raum, sondern auch die im Osten als Plötzen bekannten Rotaugen erfreuen sich von jeher dort einer großen Beliebtheit und stehen in den jeweiligen Küchen hoch im Kurs. Die hier vorgestellte Variante für gebratene Plötzen eignet sich am besten für im Herbst und Winter gefangene Fische, deren Fleisch bedeutend besser schmeckt als das ihrer im Sommer gefangenen Artgenossen.

Zutaten:

500 Gramm Rotaugenfilets, Saft von zwei Zitronen, ein Bund Schnittlauch, Sonnenblumenöl, ein Glas Bier (am besten Pilsener) Salz, schwarzer Pfeffer sowie Alufolie.

Zubereitung:

Die Rotaugenfilets salzen und pfeffern, anschließend mit dem Saft der Zitronen großzügig bestreichen und mit dem gehackten Schnittlauch bestreuen. Werden die Filets in einer Pfanne gebraten, so kommen sie, mit etwas Mehl bestäubt, in das heiße Öl; sollen sie gegrillt werden, bestreicht man eine Alufolie mit Öl und legt sie darauf. Beim Wenden bestreicht man die Seiten mit etwas Bier. So erhalten die Filets eine goldgelbe Farbe.

Am besten schmeckt dazu eine Schnitte Weißbrot. Wer es etwas exotischer kombinieren möchte, kann seine Fische auch mit fernöstlichem Klebreis genießen. Auch bei diesem recht einfachen Rezept gilt der alte Grundsatz, dass man das Getränk genießen sollte, welches man auch zum Kochen verwendet hat. Zu den ostpreußischen Plötzen gehört somit ein helles Bier.

Einfach, schnell und lecker: Zander im Kräuter-Brotmantel

ZANDERFILETS IM KRÄUTER-BROTMANTEL

Diese schnelle Variante für Zanderfilets lässt sich in der Pfanne des Kanonenofens einfach zubereiten und gibt den beliebten Stachelrittern eine südosteuropäisch-würzige Note.

Zutaten:

Für jedes Zanderfilet (rund 300 Gramm) jeweils einen gehäuften Teelöffel getrocknetes Fischkräutergewürz (z. B. Fischers Fritze von *Ankerkraut*), Paniermehl, Zitronensaft, Butter, Sonnenblumenöl, Salz und schwarzer Pfeffer.

Zubereitung:

Die Zanderfilets salzen, pfeffern und mit Zitronensaft bestreichen. Paniermehl und Trockenkräuter nach Geschmack mischen, die Zanderfilets damit panieren und anschließend in Butter mit ein paar Tropfen Sonnenblumenöl knusprig braten. Dazu passt Reis (Klebreis) sowie ein trockener Weißwein.

FRANZÖSISCHE ROTAUGEN

Aus dem Land der Feinschmecker stammt diese rasch zubereitete Variante für Rotaugen aus der Pfanne.

Zutaten:

Vier große Rotaugen (je über 25 Zentimeter), zwei Bund Petersilie, ein Bund Dill, ein Glas eingelegte Oliven, 50 Gramm kandierter Ingwer, Butter, Salz und weißer Pfeffer.

Zubereitung:

Die gesäuberten Rotaugen mit Salz und Pfeffer würzen, den Bauchraum mit Petersilie und Dill füllen und von beiden Seiten bei mittlerer Hitze in Butter goldbraun braten. Kurz bevor die Fische gar sind, die Oliven und den in dünne Scheiben geschnittenen kandierten Ingwer in die Pfanne geben und leicht anbraten. Dieses sommerliche und leichte Essen lässt sich auch auf der Bratfläche eines Kanonenofens rasch „zaubern". Die Wein liebenden Franzosen genießen dazu einen trockenen Weißwein und ein paar Scheiben ungesüßtes Weißbrot.

Knusprige Pfannen-Fische

Grundeln fängt man selten absichtlich, aber meist an kleinen Haken.

FISCHSTÄBCHEN AUS GRUNDELN

Grundeln sind seit einigen Jahren zu furchtbaren Nervensägen an fast allen Flüssen und Kanälen geworden. Die winzigen Quälgeister können Stipp- und Grundangeln zu einer wahren Tortur machen. Umso schöner ist es, wenn man den Spieß einmal umdrehen kann und sie in schmackhafte Fischstäbchen verwandelt.

Zutaten.

500 Gramm Grundeln (ohne Kopf und Flossen), zwei Zitronen, 100 Gramm durchwachsener Speck und/oder Butter, Salz und weißer Pfeffer.

Zubereitung:

Die gesäuberten Grundeln von Kopf und Flossen befreien, anschließend von innen und außen mit Zitronensaft beträufeln und etwa eine halbe Stunde ruhen lassen, danach trocken tupfen und mit Salz und Pfeffer würzen. Danach in einer Pfanne mit ausgelassenem Speck oder in Butter goldbraun braten. (Wer mag, kann die Fische auch in einem Fettgemisch aus Speck und Butter braten.) Zu diesem einfachen Essen passen unterschiedliche Dips, Weißbrot und ein Glas kalter Weißwein.

Öl erhöht die Temperaturtoleranz von Butter, so ist Fisch in der Pfanne sicher.

GRUNDELN IN DOSENMILCHSOSSE

Zutaten:

500 Gramm Grundeln (ohne Köpfe und Flossen), eine Dose Milch (Kaffeemilch), 125 Milliliter trockener Weißwein, 100 Gramm gewürfelte Zwiebel (wer mag, kann durchaus auch mehr Zwiebeln verwenden), Sonnenblumenöl, 100 Gramm geräucherter Speck in kleinen Würfeln, Butter, Salz und weißer Pfeffer.

Zubereitung:

Die Grundeln mit Salz und Pfeffer würzen und zusammen mit den Speck- und Zwiebelwürfeln in Butter (mit ein paar Tropfen Sonnenblumenöl) goldgelb braten. Die fertigen Grundeln in der Pfanne mit Weißwein löschen und anschließend mit einem kräftigen Schuss zu einen Soße aufköcheln lassen. Je nach Geschmack kann man die Soße auch mit Mehl oder Mondamin andicken.
Dazu passen ein paar Stücke Baguette und derselbe Weißwein, den man auch zur Herstellung der Soße verwendet hat.

ÖL

Wird in Butter gebraten, sollte man stets ein paar Tropfen geschmacksneutrales Öl (am besten Sonnenblumenöl) hinzufügen. So verhindert man, dass die Butter anbrät.

Egal, wie man angelt, Sonnenuntergänge sind immer schön.

Zu Kräuterfisch passen hervorragend Grillkartoffeln.

Grillkartoffeln

Grill- bzw. Folienkartoffeln sind ein Klassiker und kinderleicht zuzubereiten. Vor den Genuss hat der Grillgott jedoch die Wahl des richtigen Erdapfels gestellt, denn nirgends kann man größere Fehler machen als bei Kartoffeln.

Für Folienkartoffeln eignen sich ausschließlich festkochende Sorten, wie z. B. Annabelle, Sieglinde oder Linda. Auch sollten die Kartoffeln nicht zu groß gewählt werden, damit ihre Garzeit nicht eine gefühlte Ewigkeit in Anspruch nimmt. Am besten greift man zu faustgroßen Exemplaren.
Kartoffeln kann man entweder in Alufolie oder in ihrer eigenen Schale in die Glut des Grills oder Lagerfeuers geben. Verwendet man Alufolie, so kann man ihnen weit mehr als den klassischen Grillkartoffelgeschmack verleihen.

MEDITERRANE FOLIENKARTOFFELN

Obgleich sie ein wunderbares Eigenaroma haben, eignen sich Kartoffeln auch sehr gut als Geschmacksträger für würzige und exotische Variationen der allseits beliebten Lagenfeuerspeise.

Zutaten:

Rohe Kartoffeln mit Schale, Salz, Pfeffer, Knoblauchpulver (je nach Geschmack mehr oder weniger) und Olivenöl. Statt des Knoblauchpulvers kann ebenso gut Papikapulver oder eine andere Würzmischung aus einem Streuer verwendet werden.

Zubereitung:

Die Kartoffeln gründlich reinigen, denn sie sollen mit Schale gegessen werden. Anschließend mit einem Messer ein paar Mal in die Knolle einstechen, so verkürzt man die Garzeit. Danach mit Salz, Pfeffer und dem Pulver würzen sowie mit dem Olivenöl bestreichen. Die so behandelten Erdäpfel in eine möglichst dicke Alufolie schlagen und diese fest verschließen. Die Päckchen entweder in die Glut des fast erloschenen Lagerfeuers oder in die Glut des Holzkohlegrills geben. Nach etwa einer halben Stunde sind die kleinen Köstlichkeiten gar und schmecken an Schneidertagen sogar ohne den Hauptdarsteller Fisch.

VORKOCHEN

Wer es eilig hat, kann die Kartoffeln daheim vorkochen. So sind sie nach rund 15 Minuten in der Glut gar.

BARSCH NACH BALKANART

Dieses würzige Gericht für Barsche (wahlweise auch Zander) passt wunderbar in den Herbst, wenn die Raubfische beißen und es noch nicht zu kalt ist, um vor Ort den Grill anzuwerfen.

Zutaten:

Barsche (ganz oder filetiert), frischer Knoblauch, Rosmarin, Thymian, Paprikapulver, Zitronensaft, Olivenöl, Salz, weißer Pfeffer (sowie bei Filets Alufolie).

Zubereitung:

Die Barsche salzen, pfeffern und anschließend mit Zitronensaft beträufeln. Rosmarin, Thymian und Knoblauch fein hacken und mit ein paar Esslöffeln Olivenöl zu einer Marinade anrühren. Die vorbereiteten Barsche damit einreiben und anschließend mit dem Paprikapulver (je nach Geschmack mehr oder weniger kräftig) würzen und von beiden Seiten grillen. Werden Filets anstelle ganzer Fische zubereitet, so ist es ratsam, sie auf einer Alufolie zu grillen. Zu diesem herbstlich-würzigen Mahl passen gegrillte Kartoffeln und ein Schnäpschen (Obstler oder Sliwowitz).

Würziger Barsch mit gegrillten Kartoffeln ist ein wunderbares Outdoorgericht für die Monate mit „r“.

Zum scharf gegrillten Lachs passt milder Reis. Ist dieser nicht zur Hand, tut es ein Stück Weißbrot.

SCHARF GEGRILLTER LACHS

Ein Rezept, bei dem man den Rost des Grills nicht aus dem Auge verlieren sollte, denn bei starker Hitze wird aus dem scharf gegrillten Fisch schnell ein angebrannter. Anstelle des Lachses können auch Filets von großen Regenbogenforellen aus kommerziellen Angelteichen (sog. Lachsforellen) verwendet werden.

Zutaten:

Stücke vom Lachs (keine dünnen Filets!), Salz, Pfeffer und geschmacksneutrales Öl (am besten Sonnenblumenöl).

Zubereitung:

Die Fischstücke salzen, pfeffern und dünn mit etwas Öl bestreichen. Danach auf den Rost des heißen Grills legen und von zwei Seiten jeweils eine Minute scharf angrillen und sodann heiß servieren. Der schnell gegrillte Fisch ist außen knusprig und behält innen seine Feuchtigkeit und Frische. Zu diesem Ruckzuck-Essen passt Reis und ein Bier.

ZANDER-FILETS MIT KRÄUTERN UND SENF

Manchen Petrijüngern sind Zander zu schade, um sie mit Senf zu behandeln. Verwendet man aber qualitativ hochwertigen Mostrich und kombiniert diesen mit getrockneten Kräutern, so stellt die Zander-Senf-Kombination eine Delikatesse dar, welche dazu noch im Handumdrehen fertig ist.

Zutaten:

Zanderfilets (pro Person rund 300 Gramm), Zitronensaft, zwei bis drei Esslöffel scharfer Senf, Sonnenblumenöl, getrockneter Thymian, getrockneter Rosmarin, Salz und weißer Pfeffer.

Zubereitung:

Die Filets salzen, pfeffern und mit Zitronensaft säuern. Aus den getrockneten Kräutern, dem Senf sowie etwas Öl eine Creme herstellen und die Filets dünn damit bestreichen. Anschließend auf dem Holzkohlegrill garen. Zu dem scharfen und würzigen Zander-Gericht passt milder Reis, Baguette und auf jeden Fall ein Glas trockener Weißwein.

Mit Senf und Kräutern werden Zander zu einer scharfen Delikatesse.

Eine wahre Angel-Idylle

Forellen aus dem Rauch sind eine hochgeschätzte Delikatesse.

Räuchern ist heute fast so beliebt wie Grillen. Neben Forellen zählen Makrelen dabei zu den Lieblingsfischen.

Fische aus dem Räucherofen

Räuchern wird seit Jahrhunderten betrieben, um Fleisch, Fisch und Wurst haltbar zu machen. Seit Erfindung der Kühlschränke und Kühltruhen ist dieser Konservierungsaspekt jedoch weitgehend in den Hintergrund getreten. Heute räuchert man allein aus kulinarischen Gründen.

Prinzipiell unterscheidet man mit dem Kalt- und dem Heißräuchern zwei Formen des Räucherns. Wie die Bezeichnungen schon vermuten lassen, hängen beide Methoden mit der Temperatur in der Rauchkammer zusammen. Kalträuchern findet bei höchstens 25 Grad Celsius statt, kann sich über viele Stunden oder Tage hinziehen und kommt somit für Laien nicht in Betracht. Das für Angler interessante Heißräuchern geschieht bei Temperaturen von 50 bis 85 Grad Celsius und ist somit auch Teil des Garprozesses. Eine solche Hitze kann nicht vom glimmenden Räuchermehl selbst erzeugt werden, sodass man zum Heißräuchern eine zusätzliche und beständige Heizquelle unter der Räucherkammer bzw. Räuchertonne benötigt. Die meisten Outdoor-Räuchermeister verwenden dafür ein offenes Holzfeuer. Bei kleineren Räucheröfen kommt oft auch ein Spiritusbrenner zum Einsatz.

Alle Fischarten können geräuchert werden. Sogar Karpfen

Nach dem Lakebad müssen die Fische trocken sein, sonst nehmen sie weder Geschmack noch Farbe an.

FÜNF RÄUCHERSCHRITTE

Um Fische in Räucheröfen oder -tonnen richtig zu garen, sind neben dem passenden Ofen zwei Dinge entscheidend. Erstens die richtige Würze und zweitens der passende Rauch.

Schritt eins: Die küchenfertigen Fische müssen vor dem Räuchervorgang in eine Lake. Die einfachste Lake besteht dabei aus Wasser und Salz, wobei 70 Gramm Salz auf einen Liter Wasser kommen. In dieser Lake lässt man die Fische dann rund acht Stunden ruhen.

Schritt zwei: Nach dem Lakebad müssen die Fische gründlich mit klarem Wasser abgewaschen werden.

Schritt drei: Vor dem eigentlichen Räuchervorgang muss das Räuchergut (je nach Größe) rund eine Viertelstunde getrocknet werden. Am besten geschieht dies bei einem geöffneten Räucherofen, der bereits befeuert wird, aber noch nicht mit Sägemehl gefüllt ist.

Schritt vier: Beim eigentlichen Räuchervorgang ist darauf zu achten, dass die Temperatur in der Räucherkammer nicht zu stark wird. Im Idealfall überschreitet sie nicht die 80-Grad-Marke. Da die meisten Geräte kein Thermometer haben, regelt man die Hitze durch regelmäßiges Öffnen und Schließen der Kammer. Bei kleineren Räucheröfen mit Schiebedeckeln reicht es

aus, den Deckel einen Spalt weit zu öffnen. Die Dauer des Räucherns richtet sich nach der Größe der Fische. Portionsforellen und -makrelen sollten bei einer Räuchertemperatur von rund 80 Grad nach 20 bis 30 Minuten gar sein. Damit sie auch einen angenehmen Rauchgeschmack annehmen, müssen sie bei einer Temperatur von gut 40 bis 50 Grad noch eine bis anderthalb Stunden im Ofen verbleiben.

Schritt fünf: Lässt man die Fische nach dem Räuchern für eine weitere Viertelstunde in der geöffneten Kammer ruhen und auskühlen, schmecken sie am besten.

Damit die Fische vom Rauch „umspielt" werden können, ist es wichtig, dass man sie mit genügend Abstand zueinander im Ofen aufhängt.

DAS PASSENDE RÄUCHERMEHL

Am beliebtesten ist Räuchermehl aus Buchenholz, denn es eignet sich für fast sämtliches Räuchergut (Fisch, Fleisch, Wurst, Meeresfrüchte, Käse und Gemüse). Buche erzeugt ein mildes Raucharoma und verleiht eine kräftige Farbe. Neben diesem Klassiker verwenden Profis zum Räuchern von Fisch auch das Mehl von Obsthölzern und Eiche oder mischen sich aus unterschiedlichen Mehlen ihr „Geheimrezept“. Wer nur gelegentlich räuchert, ist hingegen gut beraten, sich eine Buchen-Mischung im Angelgerätefachhandel zu kaufen. Die hier erhältlichen Sorten sind nicht nur für das Räuchern von Fisch ideal, sondern auch auf den Betrieb von kleinen Öfen abgestimmt.

RÄUCHERGEWÜRZE UND LAKEN

Das ursprünglichste Rezept für eine Lake besteht aus Wasser und Salz. Für das Fleisch mancher Fischarten (z. B. Lachs. Aal und Heilbutt) ist diese schlichte Kombination auch völlig ausreichend, denn solche Fettfische verfügen über genügend Eigenaroma, um vorzüglich schmeckende Räucherfische abzugeben. Den meisten Anglern und Räucherfreunden genügt eine minimalistische Lake aber nicht. In den letzten Jahren hat sich daher eine Flut von Lake-Variationen entwickelt, die mitunter raffinierter als manche Koch- oder Grillrezepte ausfallen können.

Neben dem richtigen Mehl sind die Gewürzlaken das A und O beim Räuchern.

WÜRZIG-HERBE LAKE FÜR FORELLEN

Diese recht rustikale Lakemischung für Forellen aus kommerziellen Angelteichen eignet sich auch sehr gut für Weißfische (Rotaugen, Rotfedern, Brassen etc.).

Zutaten:

Fünf Liter Wasser, 250 Gramm Salz, eine Handvoll getrocknete Lorbeerblätter, eine Handvoll Senfkörner, eine Handvoll Pfefferkörner, eine Handvoll Pimentkörner, ein Bund frischer Dill, vier Rosmarinzweige.

Zubereitung:

Sämtliche Zutaten in einen großen Topf geben, die gründlich gereinigten sowie von letzten Schleimresten befreiten Forellen hinzufügen und für 24 Stunden an einen kühlen Ort stellen. Vor dem Räuchern müssen die Fische gut abgetrocknet werden, denn in feuchtem Zustand würden sie kein Raucharoma annehmen.

SALZ

Durch Erhöhung der Salzkonzentration kann man die Verweildauer in der Lake verkürzen. Dauert es bei 40 Gramm Salz pro einem Liter Wasser 24 Stunden, so sind Fische in einer Lake mit dem Mischungsverhältnis 60 Gramm auf einen Liter nach 12 und bei 100 Gramm pro Liter schon nach einer Stunde für den Rauch bereit.

Je höher die Salzkonzentration der Lake, desto rascher können Fische in den Rauch.

Blick in den Räucherofen

MILDE RÄUCHERLAKE

Diese mediterrane Lakemischung eignet sich für alle Meeres- und Süßwasserfischarten. Die meisten Angler benutzen sie, wenn es im Tischräucheröfchen schnell gehen soll und man keine frischen Kräuter zur Hand hat.

Zutaten:

Fünf Liter Wasser, 250 Gramm Salz, fünf Gramm Kräuter der Provence, fünf Gramm Wacholderbeeren, zwei Zitronen in Scheiben.

Zubereitung:

Alle Zutaten in einen großen Topf geben und die gründlich gereinigten Fische für 12 Stunden an einem kühlen Ort darin würzen. Nach dem Lakebad gründlich abtrocknen sowie anschließend rund zwei Stunden an einem luftigen Ort gänzlich trocknen lassen, denn je trockener die Fische vor dem Räuchern sind, desto schöner wird ihre Rauchfarbe.

BEEREN

Verteilt man auf dem Räuchermehl eine Handvoll Wacholderbeeren, bekommt man ein schönes und fruchtiges Raucharoma.

Forellensee-Angler haben selten Probleme mit Nachschub für den Räucherofen.

FISCH-STECKBRIEFE

Herbstlicher Rotaugenfang

Ein wunderschöner Barsch

Unsere Fische

Deutschland ist durchaus auch Land des Wassers. Unsere einheimischen Fische sind hochqualitative Lebensmittel. Und welche es so gibt, erfahren Sie hier.

Damit Sie sich ein Bild machen können, welche Fische es bei uns gibt und wie tauglich sie für die Zubereitung sind, habe ich Ihnen im jetzt folgenden Kapitel häufige Arten unserer Gewässer zusammengestellt …
Deutschland ist durchaus auch Land des Wassers. Unsere einheimischen Fische sind hochqualitative Lebensmittel. Aus der Vielzahl der bei uns vorkommenden Arten möchte ich auf den folgenden Seiten sowohl die schmackhaftesten wie auch die für viele Gelegenheitsköche „unbekannten" Schuppenträger vorstellen. Einige von ihnen kann man an Schneidertagen im Fischladen kaufen, andere muss man sich selbst fangen.

Karpfen gibt es sowohl im Laden als auch an der Angel.

Aale sind heute selten und sollten nur bei tief geschluckten Haken entnommen werden.

STECKBRIEF AAL

Aale kommen in allen Gewässern vor und stellen Sportfischer nicht vor unlösbare Aufgaben. Sie gehören zu den Fischarten, die auch von Anfängern problemlos gefangen werden können. Leider ist ihr Bestand heute sehr gefährdet, weshalb man sich überlegen sollte, sie zu entnehmen. In Irland und den Niederlanden ist ihre Entnahme bereits gesetzlich verboten.

Besondere Kennzeichen: Schlangenförmiger Körper und schleimige Haut. Rücken-, Schwanz- und Afterflosse bilden einen Flossensaum.

Laich- und Schonzeit: Aale laichen nicht in Europa, sondern überqueren dafür den Atlantik. Im Golf von Mexiko paaren sie sich und sterben dann dort. In vielen europäischen Ländern sind sie ganzjährig geschont.

Größe: Im Durchschnitt 40 bis 50 cm, kapitale Exemplare werden bis 1,20 cm lang und drei Kilo schwer.

Beste Angelzeit: Mai bis September. Am Abend und in der Nacht.

Fangplätze: Aale sind Grundfische und werden somit bevorzugt mit der Bodenbleiangel befischt. Tagsüber halten sie sich gern in Verstecken auf. In Seen sind dies meist Seerosenfelder oder Bootssteganlagen, in Flüssen tiefere Ausspülungen.

Gerät und Köder: Hauptköder zum Aalfang sind Tauwürmer und frische Köderfischchen.

STECKBRIEF BARSCH

Flussbarsche zählen zu den Fischarten, die in fast allen Gewässern vorkommen, nicht besonders schwer zu fangen sind und hervorragend schmecken. Probleme bereiten ihre Schuppen, weil es sich bei ihnen um äußerst feste Kammschuppen handelt, die man mit dem Messer nur sehr schwer entfernen kann. Zwar empfehlen viele Köche, Barsche zu häuten und zu filetieren, doch bringt man sich damit zum einen um den Genuss der sehr wohlschmeckenden Haut und kann sie zum anderen nicht mehr am Lagerfeuer als Stockfische zubereiten. Am besten entfernt man die Schuppen mit einem Fischschupper, den man für recht viel Geld im Haushaltswarenladen oder zu einem weitaus geringeren Preis im Angelgerätefachhandel bekommt.

Besondere Kennzeichen: Grüne Färbung mit schwarzen Querstreifen. Zwei Rückenflossen, wobei die vordere mit starken Dornen besetzt ist. Die Bauchflossen sind leuchtend rot.

Laich- und Schonzeit: Barsche genießen in keinem europäischen Land eine Schonzeit und laichen zu unterschiedlichen Jahreszeiten, da für ihr Laichgeschäft die Wassertemperatur nicht höher als acht Grad sein darf.

Größe: Im Durchschnitt 15 bis 20 cm, kapitale Exemplare werden über 50 Zentimeter lang und drei Kilo schwer.

Beste Angelzeit: Barsche beißen das ganze Jahr hindurch.

Fangplätze: In Seen bevorzugen sie die tiefen Stellen mit sandigem und kiesigem Untergrund, suchen aber auch gern Stege und Bootsanleger auf. In Flüssen findet man sie in tieferen Ausspülungen und in Brückennähe.

Gerät und Köder: Hauptköder zum Barschfang sind Tauwürmer, Köderfische und kleine Spinnköder.

Barsche sind bunte und schmackhafte Schönheiten.

NICHT DIE GROSSEN

Barsche wachsen so langsam, dass Fische über 40 Zentimeter bereits ein recht langes Leben hinter sich haben und in ihrem Fleisch eine nicht unerhebliche Menge Giftstoffe angelagert ist. Man sollte sich also überlegen, ob man solche Fische entnimmt oder lieber ein paar kleine auf den Grill legt.

Brassen sind für viele Angler und Köche nach wie vor Unbekannte.

STECKBRIEF BRASSEN

Brassen gehören neben Rotaugen zur Hauptbeute der Friedfischangler und sind in fast allen stehenden und langsam fließenden Gewässern zuhause. Die schnellwüchsigen Schwarmfische wachsen zu kapitalen Exemplaren heran, die dann keine natürlichen Feinde mehr haben.

Besondere Kennzeichen: Hochrückiger, seitlich stark zusammengedrückter Körper. Junge Fische tragen ein silbernes Schuppenkleid, ältere Exemplare sind messing- bis goldfarben. Die Flossen sind schwarz gefärbt.

Laich- und Schonzeit: Mai bis Juli. Brassen genießen keine Schonzeit.

Größe: Im Durchschnitt 25 bis 35 Zentimeter, kapitale Exemplare werden bis 75 Zentimeter lang und neun Kilo schwer.

Beste Angelzeit: Als „Sommerfische" halten sie Winterruhe. Beste Angelzeit ist das Frühjahr und der Hochsommer.

Fangplätze: Brassen lieben ruhiges Wasser und schlammigen Grund.

Gerät und Köder: Die fast tellerförmigen Fische sind keine ausdauernden Kämpfer. Auch kapitale Exemplare geben sich an der Stipp- oder Matchrute schnell geschlagen. Eine 18er- bis 20er-Hauptschnur ist völlig ausreichend. Topköder sind Maden und Teig.

In der Outdoorküche vertragen Döbel große Würzportionen.

STECKBRIEF DÖBEL

Döbel lassen sich mit fast allen Ködern fangen. Ihr Fleisch ist recht arm an Aroma, deshalb eignet es sich am besten für fernöstliche Zubereitungsarten.

Besondere Kennzeichen: Massiger, drehrunder Körper mit silbernem Schuppenkleid und bräunlich gefärbtem Rücken, dicker Kopf (daher der Beiname Dickkopf).

Laich- und Schonzeit: April bis Juni. Döbel genießen keine Schonzeit.

Größe: Im Durchschnitt 25 bis 35 Zentimeter, kapitale Exemplare werden bis 70 Zentimeter lang und fünf Kilo schwer.

Beste Angelzeit: Döbel beißen das ganze Jahr hindurch. Beste Fangzeit für kapitale Fische ist der Sommer.

Fangplätze: Gute Stellen finden sich unterhalb von Wehren, an Brückenpfeilern und unter überhängenden Ästen.

Gerät und Köder: Döbel sind Allesfresser und beißen sowohl auf Maden, Würmer und Köderfischchen als auch auf Teig und Käse.

Bachforellen sind nicht nur schmackhaft, sondern auch echte Schönheiten.

STECKBRIEF FORELLE

In Deutschland kommen vier „Forellen-Formen" vor: Bach-, See-, Meer- und Regenbogenforelle. Bei Bach-, See- und Meerforelle handelt es sich eigentlich um ein und dieselbe Stammform. Die Fischarten unterscheiden sich optisch jedoch aufgrund ihrer unterschiedlichen Lebensweise und ihrer unterschiedlichen Lebensräume. Regenbogenforellen stammen ursprünglich aus Nordamerika.

Besondere Kennzeichen: Schlanker, länglicher Körper. Bachforellen tragen entlang ihrer Flanken rote Punkte, Regenbogenforellen entlang der Seitenlinie einen roten Streifen (den sog. Regenbogen). Seeforellen sind fast gänzlich silbern und tragen entlang ihrer Flanken kleine schwarze Sterne bzw. Punkte. Die Meerforellen sind gräulich silbern und haben einen grau-grünen Rücken.

Laich- und Schonzeit: Die Laich- und Schonzeiten fallen in die Monate zwischen Oktober und März.

Größe: Bach- und Regenbogenforellen sind im Durchschnitt 25 bis 30 Zentimeter lang; kapitale Exemplare werden bis zu einem Meter lang und elf Kilo schwer. See- und Meerforellen sind im Durchschnitt 50 bis 60 Zentimeter lang; kapitale Exemplare werden 130 Zentimeter lang und erreichen Gewichte von 40 Kg.

Beste Angelzeit: April und Herbst.

Fangplätze: In Flüssen mögen Forellen die sauerstoffreichen Abschnitte in der Nähe der Hauptströmung. In Seen schätzen sie das Freiwasser.

Gerät und Köder: Forellen lassen sich mit Naturködern wie Maden, Würmern und kleinen Köderfischen, aber auch mit der Spinnrute und der Fliegenrute fangen.

STECKBRIEF HECHT

Hechte zählen zu den beliebtesten Sport- und Speisefischen. Sie sind in der Outdoorküche aufgrund ihres recht weichen Fleisches allerdings keine leicht zu handhabenden „Kandidaten".

Besondere Kennzeichen: Großer Kopf mit langer, entenschnabelförmiger Schnauze, die mit äußerst scharfen Zähnen ausgestattet ist. Langgestreckter, schlanker Körper, weit nach hinten verlagerte Rückenflosse. Die Färbung der Hechte schwankt zwischen leuchtend grün und grün-braun, je nach Aufenthaltsort und Wasserfarbe.

Laich- und Schonzeit: Februar bis April. Die Schonzeit geht gewöhnlich bis Mai.

Größe: Im Durchschnitt 50 bis 65 Zentimeter, kapitale Exemplare werden bis 150 Zentimeter lang und zwanzig Kilo schwer.

Beste Angelzeit: Im Frühjahr nach der Laichzeit und in den Wintermonaten.

Fangplätze: Hechte bevölkern alle Wasserschichten. Im Frühjahr und Sommer bevorzugen sie die wärmeren Wasserschichten in etwa zwei Metern Wassertiefe, im Winter tieferes Wasser.

Gerät und Köder: Hechte sind sehr wehrhafte Raubfische, die nicht mit monofilen Schnüren unter 0,35 mm angegangen werden sollten. Ein Stahlvorfach ist angesichts der messerscharfen Zähne „Pflicht". Sehr gute Kunstköder zum Hechtfang sind Blinker, Wobbler und große Spinner.

Hechte sind sehr schmackhafte Speisefische, müssen aber mit etwas Raffinesse zubereitet werden.

STECKBRIEF KARPFEN

Karpfen zählen zu den beliebtesten Sportfischen der Friedfischangler. Allerdings sind kapitale Exemplare kaum mehr für die Küche geeignet, sodass man nur Fische von höchstens drei Kilo verarbeiten sollte.

Besondere Kennzeichen: Man unterscheidet vier Zuchtformen: Schuppen-, Zeil-, Leder- und Spiegelkarpfen. Daneben gibt es noch die äußerst seltene Form des Wildkarpfens. Alle Karpfenformen haben jedoch neben der goldbraunen Farbe ein wesentliches gemeinsames Merkmal, nämlich ihr von vier kurzen Barteln gesäumtes Rüsselmaul.

Laich- und Schonzeit: In den meisten Gewässern vermehren sich Karpfen nur in besonders günstigen Jahren (Schonzeiten im Juni).

Größe: Im Durchschnitt 40 bis 60 Zentimeter, kapitale Exemplare werden bis zu einem Meter lang und dreißig Kilo schwer.

Beste Angelzeit: Im Frühjahr und Sommer. Kapitale Fische sind sehr scheu und lassen sich am besten in der Nacht fangen.

Fangplätze: Gute Karpfenstellen findet man in der Nähe von Seerosenfeldern und an Schilfrändern.

Gerät und Köder: Karpfen werden mit Posen- oder Grundbleimontage beangelt. Dabei ist es wichtig, 30er-Schnüre zu verwenden, denn die Fische sind äußerst wehrhaft. Als Allesfresser kann man sie sowohl mit Würmern als auch mit Teig, gekochten Kartoffeln oder Dosenmais fangen.

Karpfen sind Fettfische und eignen sich für fast alle Zubereitungsarten.

Weißfische sind sehr schmackhaft, für Laien aber oft schwer voneinander zu unterscheiden. Hier vier Rotaugen und eine Mischform (Hybride)

STECKBRIEF ROTAUGE (PLÖTZE)

Rotaugen kommen in fast allen stehenden und langsam fließenden Gewässern vor. Während die Fische in ostdeutschen und polnischen Küchen seit jeher hoch geschätzt werden, sind sie auf westeuropäischen Tellern selten zu finden.

Besondere Kennzeichen: Die roten Augen geben den Fischen ihren Namen. Das Schuppenkleid ist silbrig, die Flossen dunkelrot bis braun.

Laich- und Schonzeit: April bis Mai, bei Wassertemperaturen von ca. 10 Grad. Keine Schonzeit.

Größe: Im Durchschnitt 15 bis 20 Zentimeter, kapitale Exemplare werden bis 50 Zentimeter lang und zwei Kilo schwer.

Beste Angelzeit: Im Frühjahr und Sommer.

Fangplätze: Rotaugen durchstreifen die Gewässer als Schwarmfische. Hat der Schwarm einen Futterplatz entdeckt, hält er sich hier zur Nahrungsaufnahme eine Zeit lang auf. Futterplätze sind meist Seerosenfelder oder Schilfgürtel.

Gerät und Köder: Am besten lassen sich Rotaugen an der Stipprute mit Maden oder Teig fangen.

So sollte man die Rotfeder erkennen können.

STECKBRIEF ROTFEDER

Rotfedern sind Fische des Oberflächenwassers und somit „Sommerfische“. Selten stehen sie tiefer als einen Meter. Sie sind mit den Rotaugen verwandt und werden kulinarisch besonders beim Grillen geschätzt.

Besondere Kennzeichen: Gedrungener, hochrückiger Körper mit goldigem Schuppenkleid. Die leuchtend roten Flossen geben den Fischen ihren Namen.

Laich- und Schonzeit: April bis Mai, bei Wassertemperaturen von ca. 10 Grad. Keine Schonzeit.

Größe: Im Durchschnitt 20 bis 30 Zentimeter, kapitale Exemplare werden bis 50 Zentimeter lang und drei Kilo schwer.

Beste Angelzeit: Im Frühjahr und Sommer während der Mittagsstunden bei Sonnenschein.

Fangplätze: Rotfedern durchstreifen die Oberflächenregionen und das Mittelwasser als Schwarmfische. Sie erscheinen blitzschnell an der Angelstelle und sind ebenso rasch wieder verschwunden. Mit ein paar eingeworfenen Brotkrumen oder Haferflocken lässt sich ihre Verweilzeit allerdings verlängern.

Gerät und Köder. Rotfedern scheinen rein vegetarischen Ködern gegenüber recht aufgeschlossen zu sein. Teigködern ist somit gegenüber Maden und Würmern der Vorzug zu geben. Neben der Stipprute kommt vor allem eine leichte Wurfrute zum Einsatz.

STECKBRIEF SCHLEIE

Schleien sind sehr launische Fische und stellen die Nerven von Anglern oft auf harte Geduldsproben. Hat man jedoch das Glück, eine erbeutet zu haben, beruhigt sich das Nervenkostüm spätestens beim Genuss ihres vorzüglich schmeckenden Fleisches.

Besondere Kennzeichen: Dunkelgrüne Farbe, kräftig gebauter Körper und kleine Schuppen.

Laich- und Schonzeit: Mai und Juni bei Wassertemperaturen von ca. 20 Grad.

Größe: Im Durchschnitt 20 bis 30 cm, kapitale Exemplare werden bis 60 cm lang und vier Kilo schwer.

Beste Angelzeit: Im Frühjahr und Sommer in den frühen Morgen- und späten Abendstunden.

Fangplätze: Schleien lieben stehende und langsam fließende Gewässer mit vielen Seerosen. Sie halten sich bevorzugt in Grundnähe auf und nehmen auch ihre Nahrung nur vom Boden auf.

Gerät und Köder: Stipp- und Grundangeln mit feiner Schnur und kleinen Haken. Gute Köder sind Würmer, Maden, Mais und Teig.

Schleien sind scheu und äußerst schmackhaft.

STECKBRIEF WELS (WALLER)

Welse wachsen zu wahren Giganten heran. Als Raubfische entwickeln sie einen gehörigen Appetit, lassen sich aber trotzdem nicht leicht fangen. Für die Outdoorküche kommen freilich nur kleinere Exemplare von 80 bis 90 Zentimetern Länge in Frage.

Besondere Kennzeichen: Langer, schlanker Körper, Rücken schwarz, Seiten marmoriert, zwei sehr lange Bartfäden am Oberkiefer, vier kürzere auf der Kopfunterseite.

Laich- und Schonzeit: Mai bis Juni, bei Wassertemperaturen von mindestens 18 Grad. Schonzeit meist im Juni.

Größe: Im Durchschnitt einen Meter lang, kapitale Exemplare werden bis zu drei Metern lang und 150 Kilo schwer.

Beste Angelzeit: Juni bis September.

Fangplätze: Die meist nachtaktiven Fische halten sich während des Tages in ihren Verstecken auf. Bei Einbruch der Dunkelheit kommen sie zum Fressen ins flache Wasser.

Gerät und Köder: Zum Welsfang benötigt man stärkstes Gerät. Monofile Schnüre nicht unter 0,60mm, geflochtene nicht unter 0,35mm. Dazu stärkste Ruten, Rollen, Haken und Wirbel. Als gute Welsköder haben sich Würmer und Köderfische erwiesen.

Waller wachsen zu Giganten heran, taugen aber nur als Jungfische für die Outdoorküche.

Zander sind Delikatessen.

STECKBRIEF ZANDER

Zander zählen zu den beliebtesten Sport- und Speisefischen. Galten die Glasaugen früher als launische Gesellen, die nur von Experten zu überlisten waren, so werden sie heute dank neuer Kunstköder auch von weniger routinierten Sportfischern regelmäßig gefangen.

Besondere Kennzeichen: Blasse, grau grünliche Färbung mit schwarzen Querstreifen. Zwei Rückenflossen, wobei die vordere mit spitzen Stacheln besetzt ist. Das Maul ist mit spitzen Fangzähnen ausgestattet.

Laich- und Schonzeit: April bis Juni, bei Wassertemperaturen von 12 bis 15 Grad. Schonzeit endet meist Anfang Juni.

Größe: Im Durchschnitt 45 bis 60 Zentimeter, kapitale Exemplare werden bis über einen Meter lang und 17 Kilo schwer.

Beste Angelzeit: Zander beißen das ganze Jahr hindurch. Beste Fangzeit Juni bis Dezember.

Fangplätze: Tagsüber bevorzugen sie die tiefen Stellen mit sandigem und kiesigem Untergrund. Nachts kommen sie zum Fressen in flachere Regionen.

Gerät und Köder: Zander werden hauptsächlich mit der Spinnrute gefangen. Gummifische und Twister sind Top-Köder.

SERVICE

Der Autor

Markus Bötefür angelt seit seiner Kindheit. Er ist seit mehr als zwei Jahrzehnten als Angelsportjournalist und Buchautor tätig. Seine Artikel erscheinen regelmäßig in führenden Fachmagazinen.

Danksagung

Meinen herzlichen Dank möchte ich an dieser Stelle folgenden Freunden, Mitanglern und Mitköchen aussprechen:

Mike und Sabrina Lobsch

Nenad Ignjatov
(www.seftack.de)

Thomas Schlömer
(www.toms-fishing-tours.de)

Günni Sareyka
(www.guenni-sareyka.de)

Stefan Waltermann

Sven Halletz

Maximilian Strutz

Felix Rybczynski

Klaus Land

Marcel Schneider

Bernd Taller

Gregor Bradler vom
Angelpark Grafenmühle
(www.angelpark-zur-grafenmuehle.de)

Adressen

DEUTSCHLAND

Deutscher Angelfischer-verband e. V. (DAFV)
Geschäftsstelle Berlin
Reinhardtstraße 14
10117 Berlin
Tel. 030-97104379
E-Mail: info@dafv.de

Bundesforschungsanstalt für Fischerei
Palmaille 9
22767 Hamburg
Tel. 040-389050

Leibnitz-Institut für Gewässerökologie und Binnenfischerei im Forschungsverbund Berlin e. V.
Müggelseedamm 310
12587 Berlin
Tel. 030-641815

Angelzeitschriften

Am Haken
J&B Media GbR
Prielwiese 17
86911 Diessen am Ammersee

Angelwoche
Troplowitzstraße 5
22529 Hamburg

Blinker
Troplowitzstraße 5
22529 Hamburg

Der Raubfisch
Erich-Kästner-Str. 2
56379 Singhofen

Esox
Troplowitzstraße 5
22529 Hamburg

Fisch & Fang
Erich-Kästner-Str. 2
56379 Singhofen

Kutter & Küste
Troplowitzstraße 5
22529 Hamburg

ÖSTERREICH

Verband österreichischer Arbeiter Fischerei Vereine
Lenaugasse 14
1080 Wien
Tel. 01-4032176 oder
4039754

Österreichischer Sport- und Fischereiverband
Brünner Straße 247
2201 Gerasdorf

SCHWEIZ

Schweizerischer Fischereiverband
Wankdorffeldstrasse 102
Postfach 371
3000 Bern 22
Telefon:031 330 28 02
E-Mail: info@sfv-fsp.ch

Angeln im Internet

www.angeln.de
www.angeln-24.de
www.angeltreff.org
www.angler-online.de
www.angelwoche.de
www.angel-ussat.de
www.blinker.de
www.dafv.de
www.fisch-hitparade.de
www.fischundfang.de
www.fliegenfischen.de
www.fliegenfischer-forum.de
www.joerg-strehlow.de
www.raubfisch.de
www.sfv-fsp.ch

Zum Weiterlesen

Angelpraxis
Fangbuch für Angler, 2020
Ein KOSMOS-Notizbuch mit der Möglichkeit, den eigenen Fang einzutragen, inklusive Köder, Gewässer, Temperatur. Hochwertiges Buch zum Analysieren der Fänge über Jahre hinweg, mit Tagebuchseiten für besondere Erlebnisse.

Bötefür, Markus: Was der Angler wissen muss, 2016
Handliches Lexikon für den Angelrucksack. Über 300 alphabetisch sortierte Stichwörter mit über 100 aussagekräftigen Fotos, als Direkthilfe am Wasser bei jeder Frage und jedem Problem.

Bötefür, Markus: Spinnfischen für Einsteiger, 2017
Wer noch nicht spinnt, hat den Trend verpennt! Immer mehr Angler ziehen mit Kunstködern ans Wasser. In fünf Punkten, Geräte, Köder, Zielfische, Tipps & Tricks und Reviere, wird der Leser in das Thema eingeführt.

Boden, Ben: Angeln, 2020
4 Millionen Angler in Deutschland – Tendenz steigend! Wer in diesem Hobby schnell und erfolgreich Fuß fassen will, braucht kompetente Anleitung. Dieser moderne, umfassende Ratgeber deckt alle Bereiche des Angelns ab: Ob Ernährung der Fische, Einsteiger-Ausrüstung, Meeresangeln oder Fliegenfischen – hier wird alles ausführlich und nachvollziehbar gezeigt und erklärt.

Boden, Ben: Welcher Angelfisch ist das?, 2021
Kaum ist der Fisch im Kescher, stellt sich die Frage: Welcher Fisch ist das? Der handliche Naturführer passt in jeden Angelrucksack und ermöglicht schnelles bestimmen direkt am Wasser. Für die 50 häufigsten Süßwasser- und Meeresfische gibt es nicht nur sicheres Bestimmen durch Fangfotos und detaillierte Illustrationen, sondern auch Hinweise zur Lebensweise und Fangtipps.

Boden, Ben: Angelknoten Schritt für Schritt, 2019
Die Angelschnur ist der direkte Draht zwischen Angler und Fisch. Damit dieser Draht auch hält, müssen sichere Knoten gesetzt werden. Dieses Buch zeigt die 40 wichtigsten Angelknoten in Schritt-für Schritt-Anleitungen mit sehr genauen Illustrationen, die die einzelnen Schritte perfekt nachvollziehbar machen.

Dapoz, Volker: Norwegen – Angelreviere – Taktik – Tolle Fänge, 2014
Norwegen ist und bleibt das Traumrevier für Angler. Allein aus Deutschland reisen jährlich über 100 000 Angler nach Norwegen. Volker Dapoz vermittelt alles Wissenswerte rund ums Angeln in der Traumkulisse.

Hoffmann, Tobias: Angeln für Ahnungslose, 2016
In diesem Buch erfahren moderne Angler alles, was sie für den Einstieg wissen müssen: Welche Ausrüstung brauche ich? Wo auf Facebook oder anderen sozialen Netzwerken kann ich mich mit Gleichgesinnten austauschen?

Hoffmann, Tobias: Angeln für Aufsteiger, 2018
Fortsetzung des erfolgreichen Titels für ahnungslose Angler, jetzt richtet sich das Ganze an die fortgeschritteneren Angler. YouTube-Stars verraten ihre Spezial-Tricks.

Kersten, Heinz/Boden, Ben: Karpfen – Friedfisch-Giganten, 2013
Dieses Werk ist der aktuellste Ratgeber zum Thema. Die Autoren, beide erfahrene und erfolgreiche Karpfenangler, geben leicht nachvollziehbare Anleitungen für alle Bereiche des Karpfenangelns. Inklusive DVD!

Koch, Matze: Das große Matze Koch Angelbuch, 2017
Matze Koch ist einer der bekanntesten Angler Deutschlands. Seine authentische Art macht ihn zu einem Angler wie „du und ich". In diesem Doppelband zum Schnäppchenpreis verrät Matze Koch all seine Tricks zum Angeln in verschiedenen Jahreszeiten und zu allen Techniken.

Koch, Matze: Karpfentipps, 2018
Zusätzlich zu Matzes allgemeinen Angelbuch gibt es endlich auch die Karpfentipps. Karpfen finden, Futter & Köder, Gerätetipps, wer auf Matzes Art Karpfen fangen will ist hier richtig.

Koch, Matze: Hechttipps, 2019
Zusätzlich zu Matzes allgemeinen Angelbuch und den Karpfentipps, gibt es endlich auch die Hechttipps. Hechtstandplätz erkennen, Köder, Gerätetipps, wer auf Matzes Art Hechte fangen will ist hier richtig.

Langford, Robert: Erfolgreich angeln in Norwegen, 2020
Kein Land der Welt lockt mehr Angler an als Norwegen. Den Urlaub mit Fangerfolg krönen zu können, setzt jedoch eine perfekte Vorbereitung voraus. Inklusive QR-Codes!

Läufer, Florian: Das große Kosmos Angelbuch, 2021
Ob Raubfisch, Friedfisch, Fliegenfischen oder Meeresangeln – ob mit Pose, Grundblei oder Pilker – dieses Buch deckt jeden Aspekt eines großartigen Hobbys ab! 4 Millionen angelnde Menschen in Deutschland können sich auf ein neues, topaktuelles Standardwerk zum Thema Angeln freuen.

Seuß, Stefan: Waller – Giganten des Süßwassers, 2017
Der Waller ist wohl der Trendfisch Nr. 1 in ganz Europa. Einer der bekanntesten Angler in dieser Szene ist Stefan Seuß. Er arbeitet als Guide und Produktentwickler und ist bekannt für unglaublich viele Fänge oberhalb der Zwei-Meter-Marke. Jetzt gibt er sein Wissen preis! Mit Filmen über die KOSMOS-Plus-App.

Strehlow, Jörg: Fischküche für Angler, 2021
Das Praxisbuch für angelnde Köche bietet raffinierte Rezepte zum Kochen, Braten, Räuchern und Grillen. Sowohl Süß- als auch Salzwasserfische werden vom fachgerechten Umgang nach dem Fang bis zum kulinarischen Höhepunkt beschrieben. Das moderne Fischkochbuch für Angler und Fischliebhaber.

Strehlow, Jörg: Fische räuchern Schritt für Schritt, 2019
Räuchern ist ein Thema für jeden Angler. Fachmann Jörg Strehlow hat die neuesten Techniken, die besten Aromen, die leckersten Rezepte und das aktuelle Zubehör zusammengestellt und erklärt alles in einfachen Anleitungen.

Fliegenfischen

Janssen, Leon: Fliegenfischen, 2016
Eingeteilt nach den „fünf Jahreszeiten" der Fliegenfischer, beschreibt der Autor die jeweils besten Fliegen fürs Hobby. Dabei kommen Taktik, Technik und Ausrüstung aber nicht zu kurz.

Rogowski, Ole: Fliegenfischen heute, 2020
Ole ist Mitbegründer des erfolgreichen YouTube-Chanels Flyrus. Inzwischen ist Flyrus aber mehr: Fliegenfischerschule, Guidings, Messevorträge und organisierte Reisen. Ole Rogowski weiß wovon er spricht und hat ein topmodernes Fliegenfischerbuch für Einsteiger und Fortgeschrittene vorgelegt.

Bildbände

Portrat, Olivier: Wilde Wasser – Wilde Fische, 2010
Man spürt das Wasser auf die Haut klatschen, wenn man sich das Bild des 100-pfündigen Nilbarschs im Sprung ansieht. Man möchte einfach nur dabei sein, wenn der Blick auf den Sonnenuntergang an einem Amazonaszulauf fällt. Ein Bildband für Angler und Liebhaber exotischer Natur.

Hoch, Christian/Heine, Markus: Traumziele für Angler, 2012
Die beiden Fisch & Fang-Redakteure haben in der ganzen Welt beeindruckende Reviere beangelt. Hierbei sind einzigartige Aufnahmen und spannende Geschichten entstanden.

Bildnachweis

Mit zehn Fotos von: Christof Salat/KOSMOS (Seiten 4–5, 22–23, 31, 32, 33 oben, 34, 35, 36, 40, 41), zehn von Ben Boden (Seiten 3, 35, 52, 73, 79, 87, 88–89, 90, 104–105), 48 Fotos von Markus Bötefür (Seiten 6, 9, 10, 12, 13, 14 oben, 16, 18, 19, 20 unten, 26, 28, 29, 30, 37, 38 unten, 42, 43, 47, 48, 49, 50, 54, 56, 61, 62, 64, 66, 69, 71, 74, 80, 82, 83, 84, 85, 92, 93, 94, 97, 98, 99, 102, 106), 21 von Sven Halletz (Seiten 6, 10 unten, 14, 15, 20, 33 unten, 38, 44, 46, 50 links, 51, 57, 58, 60, 65, 66 oben, 68, 70, 79, 81, 91) fünf von Maximilian Strutz (Seiten 45, 72, 76, 77, 78), zwei von Günni Sareyka (Seiten 95, 96), einem von Nenad Ignjatov (Seite 103), einem von Gregor Bradler (Seite 80), einem von Bernd Taller (Seite 102), einem von Felix Rybczynski (Seite 53), einem von Thomas Schlömer (Seite 24), einem von Marcel Schneider (Seite 86) und einer Illustration von Kay Elzner (Seite 100)

Impressum

Umschlaggestaltung von Jorge Schmidt, Stuttgart, unter Verwendung eines Farbfotos von Thomas Schlömer.
Guinness und das Guinness-Logo sind eingetragene Markenzeichen von Diageo Ireland. Zwischen Guinness bzw. Diageo und dem Verlag besteht keinerlei wirtschaftliche Verbindung und keine Lizenzbeziehung.

Mit 105 Farbfotos und einer Illustration

Alle Angaben in diesem Buch erfolgen nach bestem Wissen und Gewissen. Sorgfalt bei der Umsetzung ist indes dennoch geboten. Der Verlag und der Autor übernehmen keinerlei Haftung für Personen-, Sach- oder Vermögensschäden, die aus der Anwendung der vorgestellten Materialien, Methoden oder Informationen entstehen könnten.

Unser gesamtes Programm finden Sie unter **kosmos.de**.
Über Neuigkeiten informieren Sie regelmäßig unsere Newsletter, einfach anmelden unter **kosmos.de/newsletter**

Gedruckt auf chlorfrei gebleichtem Papier

ISBN 978-3-440-17137-0
Redaktion: Ben Boden
Gestaltungskonzept: Gramisci Editorial Design, München
Gestaltung und Satz: typopoint GbR, Ostfildern
Produktion: Markus Schärtlein
Druck und Bindung: Westermann Druck, Zwickau
Printed in Germany / Imprimé en Allemagne

Direkthilfe — am Wasser

MIT KOSMOS MEHR ENTDECKEN
Tipps und Tricks – für Angler
SEIT 1822

112 Seiten; 10,– €

Angler müssen häufig spontan auf besondere Situationen am Wasser reagieren.
Gut, wenn man dann seinen Ratgeber im Rucksack hat.

Was tun bei schlechtem Wetter? Wie bekomme ich meinen Angelhaken wieder scharf?
Und wie finde ich den besten Notköder in der Natur?

kosmos.de